水润天府 美在四川

——四川水利风景区集锦

主编单位　四川省老年科技协会水利分会
四川省农田水利局
四川省水利学会

中国水利水电出版社
www.waterpub.com.cn
·北京·

内 容 简 介

四川省资源禀赋独特，作为千河之省，在兴建水利工程的过程中形成了众多风景优美的水利风景区。本书从景区概况、周边景区、美食、住宿、交通等方面全面介绍了四川省56个水利风景区的自然、人文特点，为读者提供了晓览四川水利风景区的捷径。

本书可作为旅游爱好者的旅游攻略，也可供景区管理者参考使用。

图书在版编目（CIP）数据

水润天府 自在四川 : 四川水利风景区集锦 / 四川省老年科技协会水利分会，四川省农田水利局，四川省水利学会主编. -- 北京 : 中国水利水电出版社，2019.8
ISBN 978-7-5170-7849-4

Ⅰ. ①水… Ⅱ. ①四… ②四… ③四… Ⅲ. ①水利建设－风景区－介绍－四川 Ⅳ. ①K928.4

中国版本图书馆CIP数据核字(2019)第153472号

书 名	水润天府 自在四川——四川水利风景区集锦 SHUIRUNTIANFU ZIZAISICHUAN — SICHUAN SHUILI FENGJINGQU JIJIN
作 者	主编单位 四川省老年科技协会水利分会 四川省农田水利局 四川省水利学会
出版发行	中国水利水电出版社 (北京市海淀区玉渊潭南路1号D座 100038) 网址: www.waterpub.com.cn E-mail: sales@waterpub.com.cn 电话: (010) 68367658 (营销中心)
经 售	北京科水图书销售中心 (零售) 电话: (010) 88383994、63202643、68545874 全国各地新华书店和相关出版物销售网点
排 版	中国水利水电出版社装帧出版部
印 刷	北京博图彩色印刷有限公司
规 格	210mm×285mm 16开本 15印张 223千字
版 次	2019年8月第1版 2019年8月第1次印刷
印 数	0001—3500册
定 价	98.00 元

系统，以及大量的珍稀动植物，构成优越的生态环境资源，焕发出独特的活力和魅力。众多的水利风景资源依附于自然山水而显得更富生机、更加神秘，成为水利风景区区域发展的独特优势。

悠久的历史文化

四川处于我国各民族交融过渡的走廊，长江黄河两大流域文明的精华哺育出博大奇绝的巴蜀文化。“历代善治蜀者，皆以治水为重”，从大禹“岷山导江，东别为沱”，到蜀王开明“决玉垒以避水患”，从李冰“乘势利导，因时制宜”修建都江堰，到中华人民共和国成立后“治水兴蜀”战略的稳步实施，巴蜀儿女前赴后继，兴水利、除水患，造就了“水旱从人，不知饥馑”的天府之国，形成了光辉灿烂的蜀水文化。四川人善良、淡定、乐观、包容，无不源于水的孕育和浸润。李冰治水、文翁治水、诸葛亮治水都成为古今美谈。司马相如与卓文君酿酒遗留下的“文君井”文化底蕴深厚，女诗人薛涛制笺遗留的“薛涛井”、杜甫成都居所浣花溪畔，也都是文人墨客汇聚之地。李白故里江油是涪江之滨，金牛蜀道、阴平古道必经之地，这里古堰密集、从唐代到抗战均有古堰遗留。悠久的水文化历史是四川历史文化的重要组成部分，是四川人民宝贵的精神财富。

享誉盛名的品牌

四川为水利风景资源大省，水利文化品牌享誉全国乃至世界。四川水文化品牌特色主要包括：海螺沟温泉与冰川同在的特色，九寨沟湖泊与瀑布的特色，黄龙五彩湖泊与瀑布的特色，银厂沟银色瀑布与碧绿潭水的特色，若尔盖湿地高原沼泽湖泊群的特色，泸沽湖原生态纯净湖水的特色，大禹降生地北川禹穴沟、都江堰悠久水文化的特色，二滩水电站水势恢宏的特色，中国死海神奇漂浮的特色，成都活水公园改善城市河流水质的特色，以及近 9000 座水库大坝尽显当代治水“鬼斧神工”的水工程文化的特色。星罗棋布的水利工程与自然美景、蜀水文化相融合，构成了四川丰富多彩、独具魅力的水利风景资源，孕育出久负盛名的水文化品牌，是四川最具价值的生态名片。

目录 Contents

都江堰水利工程全景

世界遗产——都江堰国家水利风景区

都江堰很古老，距今已经2000多年；都江堰很年轻，一直活力十足地发挥着防洪灌溉作用，至今灌区已达30余县市、面积超千万亩；都江堰很朴素，是迄今为止全世界年代最久远、保存最完好、仍在正常使用的无坝引水大型水利工程。都江堰很美丽，“拜水都江堰，问道青城山”，都江堰、青城山、青城后山、青城外山等一系列景区，不但有着秀丽风景，而且蕴含着中国人传承几千年的民族思想和民族哲学。这样的都江堰，一面携带历史的厚重，一面迸发时代的活力；一面是务实的水利工程，一面又是休闲娱乐的风景名胜。这样的都江堰，是不是值得你穿过人流、越过山丘，细细寻味？

都江堰宝瓶口

公元前256年，战国时期秦国蜀郡太守李冰率众修建的都江堰水利工程，位于四川成都平原西北部都江堰市西侧的岷江上，距成都56公里。该大型水利工程至今依旧在灌溉田畴，是世界水文化的鼻祖。这项工程主要由鱼嘴分水堤、飞沙堰溢洪道、宝瓶口三大部分和百丈堤、人字堤等附属工程构成，科学地解决了江水自动分流（鱼嘴分水堤四六分水）、自动排沙（鱼嘴分水堤与飞沙堰二八分沙）、控制进水流量（宝瓶口）等问题，消除了水患。1998年灌溉面积超过1000万亩，灌溉区域已达37个县（市、区），并供给成都市的全部生活、工业、环境用水。2000年它被联合国教科文组织列为世界文化遗产，2018年被世界灌排委员会列为世界灌溉遗产。

都江堰为什么能运行两千多年而不衰？其秘诀在于它具有独特的文化内涵：①“道法自然”。水顺则不败，不败则可久。②水运系乎国运。国兴则水利兴，国亡则水利败。③科学与美学的完美结合。内江河道与宝瓶口的夹角呈137°（最佳黄金分割角度）有利于引水排沙。流线型的鱼嘴，曲线型内江，T形的鱼嘴与索桥构成了一幅完美的图案。④人与水和谐共处。都江堰导与分的文化，正如都江堰“三字经”所说的“分四六，平潦旱”。千百年来的实践证明了成都平原的经济发展和生态平衡始终保持良性运行，因此它不愧为“人水和谐”的典范。

两千多年过去，时间如奔腾的岷江之水，逝者如斯，不分昼夜，尘归尘，土归土。只有都江堰，古朴如初，却又以历史为妆，分外妖娆。

都江堰二王庙

◆ 都江堰景区

不仅是中国水利工程技术的伟大奇迹，也是世界水利工程的璀璨明珠。它是全世界迄今为止最大的无坝引水、自流灌溉的“古代生态水利工程”。都江堰那碧水浩荡、危崖奇峰、古木参天的绝佳自然风光和深厚的文化底蕴，使它当之无愧地成为世界级风景名胜区。这里有南桥、离堆古园、卧铁、堰功道、张松银杏、清溪园、伏龙观、都江堰渠首三大主体工程（鱼嘴分水堤、飞沙堰溢洪排沙、宝瓶引水口）、安澜桥、二王庙、秦堰楼、松茂古道、修之敬治水德政坊、禹王宫、玉垒关、凤栖窝、斗犀台、宣威门、城隍庙等著名景点。

◆ 周边景区

青城山景区 青城山古名丈人山、赤城山，因红色土壤而得名。后得治水润毓，一年四季幽绿翠黛，树木常青，因有“青”山之誉，三十六峰环状排列，峰陡崖峭，状如城郭，故有“城”山之名，所以把这座山称为青城山，“青”指颜色，“城”指形态。“幽”，是青城山自然景观的特点，“道”，是青城山人文景观的浓缩，一“幽”一“道”，构成了我们游览青城山的线索。

青城后山景区 青城后山距成都60公里，距都江堰市区20多公里，总面积约100平方公里，与卧龙自然保护区相邻，是世界自然遗产四川大熊猫栖息地的重要组成部分之一。

青城外山景区 地处都江堰市大观镇，毗邻世界遗产青城山，风光秀美无比，历史文化厚重。境内始建于明代的川西四大佛教名刹之一的普照寺与青城山道教宫观相映成趣，历来成为宗教学家、考古学家、文人墨客探奇、旅游、朝圣之地。

灌县古城景区 千秋都江堰不仅造就了一个水旱从人的锦绣天府，也孕育了一座上善若水的灌县古城。

紫坪铺景区 紫坪铺水库是依托紫坪铺水利枢纽工程形成的新景点，距都江堰市区约9公里，距成都市区约60公里，地处国道213线上，是九环线的必经之地。

青城山

美食

都江堰位于成都近郊，美食非但不比成都市区内逊色，还拥有更多特色。除了经典的川菜，都江堰有青城四绝：白果炖鸡、青城泡菜、洞天乳酒、青城苦丁茶。还有很多以兔子为主食材的菜，兔头一般有麻辣和五香两种口味，经过特殊烹制的兔头和兔肉非常入味。都江堰特色小吃种类繁多，有渣渣面、凉皮水饺、春卷、麻辣豆干，南方北方的朋友都可以在这里大饱口福。

住宿

都江堰市内宾馆、民宿众多，住宿方便。

交通

您可以通过以下方式往返于机场和都江堰市：

（1）景区直通车。返程时，可在都江堰候机室办理登机牌后乘坐景区直通车回到机场，享受“城市候机室安检通道”，完成登机。

（2）机场大巴。从双流机场客运站乘坐都江堰机场大巴专线到达都江堰客运站。

（3）动车。乘坐双流机场专线2号线→都江堰动车站。

（4）自驾。机场高速→绕城高速→成灌高速抵达都江堰市。

（5）和谐号高铁。自成都火车北站至都江堰，行程30~40分钟。

凤翔湖全景

凤舞芙蓉——白河水利风景区

整治后的白河

天府双流，古称广都，因河得名，因水而兴，境内锦江、江安河等河流穿境而过，享受着都江堰水利工程两千多年的润泽。白河综合整治工程是建设“以白河防洪综合整治为核心、湖泊建设为亮点，集防洪、文化、休闲、运动、生态等功能为一体的白河生态湿地走廊”。主河道15.3公里，沿白河中轴线先后建成芙蓉海、凤舞湖、凤邻湖、凤栖湖、月影湖、凤翔湖6座人工湖泊，形成总面积达4000亩的生态湿地走廊。

白河通过综合整治工程建设，现已成为集防洪、灌溉、观光、休闲、生态等功能为一体，水生态明显改善的优美生态湿地走廊。新构建起的白河水生态湿地系统，真正实现了水利与园林、防洪与生态、亲水与安全的有机结合。在湿地走廊内，目前已建成运动公园、艺术公园、中心公园、特色餐饮休闲街等开放式主题公园（街区），为市民提供舒适的休闲运动空间；天府创客公园、文化创意园等业态为相关企业发展提供了优质平台。

现在的白河，河面宽阔、碧波荡漾、绿树成荫、鸟语花香，这条环绕主城区15公里、平均宽度500米、6个湖泊错落其间、占地4000亩的生态湿地走廊，犹如镶嵌6颗明珠的绿丝带，成为双流城市绿色发展的主动脉，造福着一方百姓，续写着治水兴城、水润广都的历史新篇。

◆ 周边景区

黄龙溪古镇风景区 位于成都平原南部的成都市双流区，距成都市区40公里，是四川十大水乡古镇之一，拥有1700多年的历史，历来就是重要的军事重镇。先后被评为“中国民间艺术火龙之乡”“中国环境优美乡镇”“中国民间文化遗产旅游示范区”“中国历史文化名镇”“国家AAAA级旅游景区”“国家级环境优美小城镇”，素有“影视城”“中国好莱坞”之称。

成都蛟龙港海滨城旅游景区 位于成都市双流区九江街道，距天府广场10余公里，紧邻白河水利风景区，旅游资源类型涵盖7个主类、16个亚类、33个基本类型，是集海洋世界观光、模拟飞行体验中心、真冰场体验、情景购物、餐饮休闲、儿童职业体验、科普教育、高科技体验等功能于一体的精品商业旅游综合体。成都蛟龙港海滨城拥有创两项吉尼斯世界纪录的浩海立方海洋馆、国内唯一一家坐落在购物中心内的飞行俱乐部、国际赛事标准真冰场、4D电影院等特色业态组合，备受消费者青睐。在获评为“国家AAAA级旅游景区”后，蛟龙港海滨城正式成为全国首家商业旅游综合体。

公园水景观

美食

双流区的美食远近闻名，肥肠粉、兔头、火锅系列都是双流走向全国的美食代表。

住宿

成都星宸航都国际酒店（原星宸皇家金煦酒店）紧邻白河水利风景区及蛟龙港海滨城，距双流国际机场5公里，是双流首家标准五星级酒店。

地址：成都市双流县航林路888号

交通

景区位于成都市双流区主城区，金河路、银河路为平行于白河左右岸的主干道，交通便捷。

（1）机场公交。景区距双流国际机场约8公里，乘坐公交s15路、840路可到达。

（2）自驾。成都绕城高速→双楠大道→金河路（或银河路）。

（3）轨道交通。在成绵乐城际铁路双流西站换乘成都地铁3号线。

公园夜景

鸟瞰漩江

天上人间——水墨藏寨国家水利风景区

汶川水墨藏寨

水磨古镇

水墨藏寨国家级水利风景区地处汶川县城西南寿江河畔，东临都江堰，南倚青城山，西接卧龙熊猫保护区，北靠“5·12”汶川大地震震中映秀，整个景区面积276.44平方公里。距成都市76公里，国道213穿越而过，与国家AAAAA级旅游景区三江生态旅游区、水磨古镇景区等著名景区相衔接，是成都及大九寨旅游环线上的重要节点，是非常理想的避暑度假旅游胜地。

水墨藏寨水利风景区海拔1000~2000米，区域内涉及2个乡镇27个村，2个国家AAAA级旅游景区，景区林草覆盖率92.3%，水土流失综合治理率在90%以上，水域面积2.94平方公里，有山有水，山水兼容，是人们休闲度假、疗养、集会、旅游的胜地。区域内植被茂密，沟狭林茂，湖光山色，秀丽无比；小火车高山遨游，珙桐花山间怒放；生态河堤、建筑廊桥、川西民居、水磨羌城、三江藏情源将古代建筑与现代建筑完美结合，充分展现藏、羌、回、汉融为一体的自然美景。

美食

水磨老腊肉、水磨豆花、九大碗、红鳟鱼、特色藏餐、风味烧烤、酥油茶、青稞酒、牦牛肉、羊排、核桃饼、青稞饼，等等。

住宿

梅朵天堂酒店、水磨山水人家乡村酒店、水磨古镇福缘宾馆、汶川水磨福利大酒店，以及民宿、客栈、公寓若干。

交通

景区的可进入性好，交通线路布局合理、通行便利。213国道自都江堰经水磨镇到三江。都汶高速自都江堰经映秀，绕行至粤汶快速公路经水磨镇到三江。

◆ 周边景区

鹞子山养生堂 景区从农业种植结构区域化、旅游产品丰富化、娱乐活动多样化、休闲体验深入化等角度定位发展，以绿色、生态、养生为主题。园区内道路、供电、供水、排污、宽带、无线网络等基础设施配套齐全，是一处集美食、休闲、观光、娱乐、农事体验、采摘、垂钓、会议、度假为一体的现代康养休闲乐园，系省旅游协会五星级农家乐、五星级乡村酒店。

大槽头 水磨花谷生态庄园，占地427亩，涉及景区入口、鲜花展销中心、产业步道、观景平台、休息凉亭等13个大项目。花卉种植核心区150亩，主要以栽植丰花月季、波斯菊、矢车菊、向日葵、花叶美人蕉、紫叶美人蕉等草本鲜花为主，观赏期可达10个月左右。在这里，可赏百花争妍、群芳斗艳，体验山清水秀的乡村美景。

映秀震中遗址纪念地 是中华爱国主义教育基地，以地震遗迹、遗址、地震遗址公园、纪念广场、纪念馆等为载体，展现映秀灾后重建中世界大师的建筑杰作以及重建所应用的各种抗震新技术、新材料。运用虚拟技术和网络等高科技手段，采取实景与虚拟相结合的方式，让游客在感慨自然界巨大破坏力的同时，感受汶川人民在灾难面前不屈的力量。

水磨古镇景区 具有得天独厚的地理优势和气候优势。水磨镇空间宽阔，具备一流的城镇旅游服务功能，吃、住、行、游、购、娱六大旅游要素齐备，民族文化、生态文化和道家文化都有展示，是集观光、休闲、生态与体育文化体验为一体的高品位旅游集散基地。

则曲河百里景观画廊

康巴明珠——则曲河国家水利风景区

海子山风景区

则曲河水利风景区地处壤塘县东北约 25 公里处，包括壤塘县上壤塘乡、中壤塘乡、尕多乡、南木达镇、茸木达乡五个乡镇的大部分区域，是壤塘至阿坝县、青海省的必经要道。

景区依托则曲河及沿线堤防工程，属于自然河湖型水利风景区。景区总面积约 1003 平方公里，其中水域面积 38.27 平方公里。景区距 317 国道约 60 公里，通过 317 国道向西可达色达县、炉霍县，向东可到马尔康、成都等地；阿两路从景区经过，连接壤塘县与阿坝县、青海省，交通状况良好。

景区具有集人文景观、自然景观于一体的生态文化型特色。其自然景观主要以高原河流——则曲河、高山湖泊群——海子山、南莫且省级自然保护区为代表；人文景观以世界唯一且是国家级文物保护单位的觉囊文化中心、国家级文物保护单位棒托寺的石刻大藏经和典型的藏族新村为代表。

百里则曲河呈线状分布，沿岸有水域、沼泽、灌木、草地、农田、白杨林等独特的湿地生态景观，旖旎的自然风景、深厚的文化、浓郁的草甸风情点缀在则曲河生态走廊上。

海子山主峰海拔 4760 米，是天然地质生态公园。它以海得名，以“高原湖泊群”名扬藏区，有 35 个大小不一、形色各异的高原湖泊，有如仙女不经意滴下的眼泪，散落在绿茵广沃的草原和山间，绝美而奇特。海子、草原、雪山，间杂着星星点点的藏房，显得宁静而祥和，是一处至真至纯的心灵家园。

南莫且湿地为省级自然保护区，湿地面积占 60%，共有 24 个湖泊，动植物种类繁多，有 195 种野生动物，以岩羊、白唇鹿、马鹿等哺乳动物和黑颈鹤、藏雪鸡、白马鸡、蓝马鸡、中华黄沙鸭等鸟类最具观赏价值，为开展生态旅游活动提供了丰富的景观素材。

觉囊文化中心是由确尔基寺、泽布基寺和藏哇寺三大寺庙群组成，规模宏大，历史悠久，是整个藏区唯一保存完整且规模最大的觉囊派寺庙，素有“小西藏”之称，2007 年被列为国家级文物保护单位。

南莫且湿地

◆ 周边景区

汶川的桃坪羌寨，小金县的四姑娘山，马尔康县的卓克基官寨和松岗直波碉楼，金川的观音桥景区，壤塘县的日斯满巴碉房、曾克寺，红原大草原、九曲黄河第一湾、花湖，黑水县的达古冰川、卡龙沟。

觉囊中心

美食

壤巴拉酸奶、奶渣人参果、酥油茶、壤巴拉和尚包子、手抓牛肉等。

住宿

县城内有壤巴拉宾馆、雪域宾馆、壤巴拉天界宾馆、海子山商务宾馆、尔甲商务宾馆等。

交通

成都（茶店子客运中心）、马尔康县（客运站）、金川县（客运站）均有至壤塘县的客车，县城随时有去各乡的出租车。

壤塘县县内自驾游线路：

（1）县城→则曲河水利风景区（海子山、中壤塘觉囊文化中心、棒托寺）→县城。

（2）县城→野人大峡谷→日斯满巴碉房→曾克寺→县城。

（3）县城→香拉东吉圣山→县城。

（4）县城→上杜柯→阿诗玛→南木达→县城。

涪江六峡

水墨丹青——涪江六峡国家水利风景区

涪江六峡之武都水库大坝

涪江六峡水利风景区位于绵阳市辖区，南越江油市，距江油市区约25公里，距绵阳市区65公里；北跨平武县，北距县城约55公里；南部与窦团山—佛爷洞省级风景名胜区相接。它依托武都水库工程兴建，是以观光旅游、休闲度假旅游、生态与文化旅游为主的综合性旅游景区。武都水库设计库容为5.72亿立方米，回水长度为37公里，水域面积为13.75平方公里。

芳春峡

景区以西北部的九寨——黄龙景区为依托，以李白文化、蜀道文化为核心，以水上休闲体验为特色，将自然景观与人文景观巧妙结合。画屏峡、六龙峡、燕云峡、青天峡、飞瀑峡、芳春峡构成涪江六峡，峡谷峰峦叠嶂、俊美清幽、山石嶙峋、悬崖峭壁，享有“长江小三峡”之称，这是景区自然景观资源的特色所在，也是景区的实体核心，近年来，吸引了众多国内外游客。

飞瀑峡

景区规划面积1414.7平方公里，水域面积13.75平方公里。景区内主要以地文景观和水文景观为主，旅游资源丰富，旅游开发前景广阔。整个景区的旅游资源以涪江峡谷景观为实体核心，突出李白文化诗篇山水意境的自然景致，以气象景观、生物景观、寺庙活动及藏羌文化景观和现代水利工程景观为特色，以山岳丛林、动植物景观为景观基础。

◆ 周边景区

江油关景区 位于涪江六峡的北边，紧邻芳春峡。江油关原名江油戍，刘备入川以后，为防备曹操势力越摩天岭南下，于东汉献帝建安二十四年建立的军事要塞。

西羌九皇山景区 原名为猿王洞景区，以羌文化和羌族风情为主线，集中打造最具特色的羌寨群落，并挖掘羌族悠久的历史文化与风土人情。

观雾山景区 在涪江六峡大坝附近，有一座雄伟俊秀的观雾山。观雾山海拔2000多米，也许是它浸透了蜀中山水的灵气，因此山顶常有云雾环绕，经久不散。在观雾山的山腰上，面向涪江六峡，有一座宏伟的寺庙叫极乐寺。这里是著名的佛教圣地，是闻名中外的海灯法师生前修行和安放灵骨的地方。

窦团山风景旅游区 在涪江六峡左岸，是著名的国家AAAA级旅游风景区。由于地质运动，风蚀雨溶，形成三座笔直矗立的石峰，如刀砍斧削，直插云天。窦团山云岩古刹，飞檐翘角，青烟缭绕，深锁于一片苍翠之中。

画屏峡

六龙峡

青天峡

燕云峡

美食

景区内有绵阳米粉、江油肥肠、平武老腊肉、观雾山野生山药和天麻、藏王寨野菜、涪江六峡生态鱼等著名小吃及生态特产。米粉是绵阳地区汉族传统名吃之一，有着1800多年的历史；红烧肥肠是四川江油市的一道汉族传统佳肴，其特点是色泽黄亮，味道香醇，柔嫩可口，肥而不腻，令人望而生津，下饭喝酒爽口开胃。

住宿

景区跨度长，分布比较散，按照规划在景区南入口可入住团山宾馆；库区中段可入住平驿铺金凤山庄；库尾可入住旅游小镇响岩。

交通

涪江六峡，主要以自驾方式为主，处于绵阳市一日游圈层内，成都市两日游圈层内。涪江六峡风景区所在地江油对外交通方式主要为铁路和公路，宝成铁路横贯境内，公路主要有绵江快速通道和九环线。

日出仙海

沉香救母地——
仙海国家水利风景区

仙海全景

绵阳市仙海水利风景区是依托被邓小平同志称为第二个都江堰的武都引水工程骨干囤蓄水库——仙海湖（即沉抗水库）建成的水利风景区，沉香救母的传说就发生在此地。

仙海地属中亚热带湿润季风气候，以仙海湖为中心的核心区，面积13.8平方公里，由6.8平方公里浅丘低山和7平方公里水面构成，库容1.04亿立方米。陆地森林覆盖率达90%，湖面纵深视野达3.8公里，形成46座精致的半岛，湖岸曲折，泊岸线长达48公里，自然环境“山抱水，水漫山”“山衬水，水映山”，山水一色，形成水乳交融的天然画卷。拥有鸬鹚、白鹭、野生鱼群、银杏树等多样性的动植物，水质清冽，常年保持为Ⅱ类地表水，空气质量优良天数300天以上。

仙海基础设施完善，建有景观大道、亲水栈道、环湖自行车骑游道、仙海码头、神仙树、沿湖观景平台、迎宾广场、婚庆广场等旅游设施和景点。仙海也是有着数千年历史传承的人文家园，秦汉以来开凿的金牛古道就贯穿整个景区。金牛古道从关中平原越过秦岭逶迤而来，天梯石栈勾连而成，汉代以后扩建成国家的驿道，建设成两边遍植柏树的翠云廊，到后来发展成108国道。另有三国文化、驿站文化、沉香大仙神话传说、四川民俗文化等配套资源，使风光绮丽的自然景观和丰富厚重的人文景观完美融合。

仙海亲水栈道

仙海情人桥

◆ 周边景区

仙海 地处绵阳城区近郊，位于九寨沟、黄龙、剑门蜀道、三国热线的中心地带，周边世界级、国家级的景区众多，距中国科技城绵阳仅 10 公里。

仙海以建设集“休闲度假、运动养生、会议会展、生态居住”于一体的国家级旅游度假区为发展目标。2015 年成为“国家 AAAA 级旅游景区”“四川省旅游度假区”“四川省生态旅游示范区”。目前，已被国家水利部纳入“典型国家级水利风景区”建设重点指导单位，被四川省旅游发展委员会纳入“十三五”期间国家级旅游度假区创建重点指导单位，被省水利厅纳入国家公园的“河湖公园”精品景区支持名录，被省发改委纳入“十三五”文化创意型特色小镇发展规划。2017 年，实现旅游收入 3.48 亿元，接待游客近 200 万人次。

越王楼 位于四川省绵阳市龟山之巅，是唐太宗李世民第八子越王李贞任绵州刺史时修建的，始建于唐高宗显庆年间。其规模宏大、富丽堂皇，楼高十丈，时居四大名楼之首（滕王阁高九丈，黄鹤楼高六丈，岳阳楼高三丈）。恢复重建后的越王楼，气势与当年相比毫不逊色。99 米的高度目前仍为全国仿古建筑之最（现今滕王阁高 57.2 米，黄鹤楼高 52.6 米，鹳雀楼高 72 米，岳阳楼高 32 米），故有“越王楼霸气、黄鹤楼大气、滕王阁才气、岳阳楼秀气”之说。

李白故里

越王楼

李白故里 位于四川省绵阳江油市青莲镇。《李翰林集序》中有：白本陇西，乃放形，因家于绵，身既生蜀。李白《与韩荆州书》中有：白，本陇西布衣，流落楚汉。李白祖籍在陇西（今天甘肃天水一带），故乡是江油。

七曲山大庙 位于四川省绵阳市梓潼县，崇奉文昌帝君，有文昌习俗，是道教主流全真派圣地，国家 AAAA 级旅游景区，全国重点文物保护单位。

美食

仙海生态鱼名气在外，成为各地游客前来品尝的绝佳美食，为此景区开设了 20 余家专销鱼馆（鱼庄）。秘制的仙海鱼干和种类繁多的铁皮石斛也备受游客青睐，成为走亲送友的首选特色美食。

住宿

目前，仙海辖区内已有锦烁、铂金海岸、雷耀、龙源会议中心等高端度假酒店，喜来登酒店正加紧推进；乡村酒店、民宿比比皆是；绵阳城区的富乐山酒店、绵州酒店、王子大酒店、世纪巴登等星级酒店距离景区均在 20 公里之内。

交通

成都到达景区的方式有：高铁至绵阳后转乘 22 路、24 路、97 路公交直达景区；G5 高速张家坪绕行 G93 高速至仙海收费站出高速，经 108 国道 7 公里后到景区。

西安、汉中、广元方向：G5 高速张家坪绕行 G93 高速至仙海收费站出高速，经 108 国道 7 公里后到景区。亦可乘坐西安至绵阳高铁，到绵阳后转乘 22 路、24 路、97 路公交直达景区。

重庆到达景区的方式有：成渝环线高速至仙海收费站出高速，经 108 国道 7 公里后到景区；亦可乘坐重庆至绵阳高铁，到绵阳后转乘 22 路、24 路、97 路公交直达景区。

幽静湖山

静谧清雅——白水湖国家水利风景区

白水湖野鸭

白水湖位于绵阳市安州区，湖区面积3008亩，有23个自然小岛，环境优美，气候宜人。湖周群山环抱，湖面宽阔幽静，水质清澈，微风轻拂，山石晶莹，林木灵秀。自然小岛像璀璨的绿宝石将数千亩水面巧妙地分割组合，形成多层次的立体景区和许多幽深曲折的港湾。岛上古树遮天蔽日，闲花野草落英缤纷；茂林修竹挺拔青翠，林间小径曲折回环；湖中鱼群觅食卷浪，鸥鹭戏水成群；鸳鸯吻颈畅游，鹭鸶展翅盘旋。这里构成了候鸟们天然的水上乐园。

白水湖既年轻又古老，其发源地位于生物礁国家地质公园，在晚三叠世（距今约2.3亿年）这里便出现了可形成大规模生物礁的硅质六射海绵。这里的生物礁千姿百态，丰富多彩，是目前世界上发现的最大海绵礁，礁体高度达40~60米，而欧洲规模最大的侏罗纪海绵礁仅高20米左右。生物礁的发现，证明了安州的六射海绵是欧洲同类海绵的始祖，揭开了安州硅质海绵向欧洲各国迁移和演化之谜。

白水湖的年轻掩盖不了其河流丰厚的文化底蕴，西边的雎水关在汉唐时期便设置关隘。民间口碑资料讲，三国时蜀国名将魏延曾驻扎于此抵御西羌。沿古道一路向西，直达茂汶、阿坝，当年开店的老人至今仍在讲述着旧时的传奇故事。雎水关也是中国现代革命作家沙汀的故乡，《淘金记》《困兽记》《还乡记》《在其香居茶馆里》等名著名篇皆完成于此。沙汀故居现被列为省级文物保护单位。

这里也是川西独特民俗活动——雎水太平桥“春社”踩桥游客聚集地。每年春社日四方游人数十万，踩桥祛灾，荡舟游湖，湖心亭对山歌，场面壮观，热闹非凡。

“养在深闺人不识，只因未有春风来”。1999年，白水湖以它那特有的宁静优雅、玲珑剔透、天生丽质吸引了中央电视台、中国电视剧制作中心续拍电视剧《西游记》剧组的到来，《受阻狮驼岭》和《如来收大鹏》等三集的外景戏在此拍摄。总导演杨洁及著名演员六小龄童等对白水湖的山青、水碧、岛美非常赞赏，并欣然写下“绿岛浮碧波，鸥鹭自悠然”等佳句。

安州历来崇文重教，崇尚大义，用深厚的人文积淀，哺育出一代又一代性格鲜明的安州人，李调元、李岷琛、沙汀、萧崇素、吴庚舜皆生长于此。白水湖也是沙汀文学创作基地，近几十年来，白水湖正以它独特的文化氛围和原始的自然风貌，用大自然最美的恩赐，吸引无数文人墨客来此吟诗作赋，佳作不断。今拣一首赏之：

八声甘州 · 白水湖冬春之韵

雾茫茫破白水天晴，远山隐呈岐。露霜无声散，枝头叶落，双鸟轻莺。水阔野禽鹤唳，渔父正舟行。空际飘云至，恋水澄清。湖岸在西春社，望人潮千里，盛世清明。

行前人足迹，林壑更幽冥。绝佳景，常常惊醒。恋几回，今路亚舟征。嘻嘻闹，岸边行过，笑语欢声。

白水湖野鸭

◆ 周边景区

距沙汀故居安县睢水镇 2 公里，距科技实验基地亚洲最大风洞群 30 公里，途中有砾石溶洞“龙泉砾宫”“罗浮山佛教圣地”“卧佛寺”，西南第一泉“沸泉”，还有引起世界地质界轰动的地质奇观海绵“生物礁”地质带就在湖边。

美食

安州米粉，中国特色小吃，以大米为原料，配以各种菜码或汤料进行汤煮或干炒，爽滑入味，深受广大消费者喜爱。**花荄牛肉**，选料、烹制、摆盘等工序极为讲究，首推的就是一品牛掌、大萝卜炖牛肉等。**安州锅盔**，绵阳小吃一绝，锅盔形成环状层，每层都可以分开，层层都酥。油旋子锅盔要求精细制作，特别是在和面上。**白菜饺**，属蒸点，特色是色洁白，形如白菜，馅香细嫩。

住宿

白水湖附近有围湖山庄、全益宏源宾馆、长青大酒店、绵阳泰丰源温泉酒店。

交通

从成都、绵阳出发有多条公路可达景区。

鲁班水库

梓州碧玉——
鲁班湖国家水利风景区

三台鲁班湖风景区

鲁班湖位于绵阳市三台县，水域面积13平方公里，库容2.78亿立方米；湖水环绕的89座岛屿、半岛以及82公里长的库岸线形成了6沟12湾的奇特美景。

三台鲁班湖风景区从主坝的坝底沿石梯登上坝顶刚刚领略了“巍巍大坝起山间，浑似长虹绕玉盘”的风姿，又进入“水色山光无限好，疑是飞身到广寒”的境地。展现在眼前的是一片美丽如画的湖光山色。四周群山环抱，水天连成一体。1.5万多亩的平阔水面上，被淹没的42座山，形成天然的港湾和孤岛，千姿百态，各领风骚。一阵阵清爽的风，夹带着湖面特有的清新气息，沁人心脾，令人陶醉。每个山头分门别类地种植了大量的经济林木和观赏植物，飞禽走兽，山花野草，万紫千红。湖面水鸟结队，湖中游鱼成群。小岛林立，水秀山清，树绿花红，垂柳依依，引人入胜。各式游艇，翩然穿行于湖中，给广阔而宁静的湖面带来勃勃生机。目睹此情此景，游客的一路劳顿会全然消失，心旷神怡。

此湖建成于1980年，水源来自都江堰，经人民渠将水送至三台。库区以秀丽的湖光山色、沁人心脾的四季花香、婉转动听的百鸟欢唱，吸引着远近游客。凡到过鲁班湖的人，都会因其诗情画意的美景而着迷。

鲁班湖里鲤鱼、鲢鱼、鲫鱼等鱼类密度较大。每年5—10月，都江堰放水入鲁班湖的时候，各地的钓鱼人就会纷纷前来过一过钓瘾。

◆ 周边景区

库区附近有鸡脚庙一座，香火鼎盛。距库区 30 余公里的云台观是四川第二大道观，已有上百年历史。沿云台观而下，有著名的郪江汉墓以及郪江古镇，更是让游人流连忘返。

三台鲁班湖库区

美食

三台县著名小吃土豆丝、潼川的豆豉、崭山的米枣、三台争胜的麦冬，闻名遐迩。

住宿

三台县城梓州国际酒店、三台外滩花园酒店、三台县金喜登酒店。

交通

成巴高速、绵遂高速都在三台有出口，由出口到水库仅有 30 公里，特别是成巴高速更是在距水库 8 公里左右留有古井出口。

三台外滩花园酒店

梓江

文昌七曲——梓江水利风景区

梓江水利风景区位于梓潼县城西部，沿梓江自北向南依次涉及宏仁乡、文昌镇、长卿镇和东石乡，与周边的七曲山风景区、长卿山森林公园、两弹城旅游风景区等紧密相连。梓江水利风景区由主要水利工程——宏仁闸坝、文昌闸坝、沿江的生态堤防和主要景点——潼江印象生态园、金宝村、九曲潼江庄园、西岩寺、崇文塔等，一同构成了极具地方特色的水利工程景观。梓江水利风景区内自然生态环境良好，动植物资源丰富，生物多样性突出；水质良好，达到国家Ⅲ类水质标准；空气质量优良，可达到国家二级标准。

梓江水利风景区处于四川盆地北部边缘断褶带，其地质构造属于川北古中凹陷低缓构造区。地貌形态“东西高，中部低”，东侧为七曲山，西侧为低山丘陵区，中间为梓江峡谷。景区以水为灵，以山为骨，梓江蜿蜒穿越而过，江面时而宽阔，时而曲折，形成了典型的曲流、浅丘、湿地、峡谷等极具观赏性的多样地貌。江流曲折迂回，两岸山峰连绵，田园秀美，具有最完好、最原生态的江上田园风光，水景十分迷人，展现出一幅蜿蜒秀美的大川景观。

滨江湿地，长期积水，湿地草本植物发育良好，沿岸延伸百余米，汀洲水草繁茂，蜓飞蝶舞，灌草深处，水鸟翱翔，回眸间，时常乍现一滩鸥鹭。作为梓潼县的“生态之肺”，具有涵养水源和滋润土层的重要作用。

宏仁闸坝工程位于梓江上，坝址位于梓潼县城区北端的宏仁乡连枝村连枝机耕桥。建成后的宏仁闸坝，江面平坦宽阔，江水清澈碧绿。周边村落、田园景观优美，绿草茵茵，白鹭翻飞，野鸭成群，恰似一幅美不胜收的山水画卷。

文昌闸坝工程位于文昌大桥下游 200 米处，区域内林地、江面、闸坝、城镇、田园等自然和人文资源交相辉映，美不胜收。

滨江生态堤防以生态化、景观化方式建设，不仅保护了江岸水生态系统，还提升了梓潼县滨水环境。滨江防洪堤为现代水坝，是一项集防洪、观景等功能为一体

梓江水利风景区

的综合性水利工程。

风景区有着特色鲜明的古风民俗，是川北百姓生活的自然流露，也是梓江旅游的魅力所在之一。风景区内的民俗文化众多，形成了以地方戏剧、手工艺、民间传说、地方小吃等为特色的民俗文化系列。风景区内汇聚了众多的历史遗迹、文化遗迹，如文昌古桥、古堤防、文昌亭等。梓潼酥饼、梓潼片粉、梓潼镶碗等小吃风味独特，狮灯、龙灯、花灯、彩莲灯、莲箫等民间技艺绚丽多彩，具有广阔的开发前景。梓江沿岸文化独特，建设有石刻、绿化长廊等。风景区内人杰地灵，人才辈出，有贺敬之、景毅、李业、文齐昌等名人。

◆ 周边景区

梓潼历史悠久，文化底蕴极其深厚，至今已有 2300 多年历史，孕育了丰富多元的秦汉文化、三国文化、唐文化、红色文化。梓潼文昌文化博大精深，北有孔子、南有文昌，七曲山大庙被誉为文昌祖庭。境内有七曲山大庙、长卿山李业阙、卧龙山千佛岩三处国家级重点文物保护单位。在全国尚存的 24 座汉阙中梓潼汉阙就占了六分之一。金牛古道自秦汉至明被演绎成为翠云长廊。梓潼红色文化军桥、马迎红军墓等革命遗迹。新中国成立后，梓潼又成为“两弹城”遗址所在地，中国“两弹城”——中国工程物理研究院旧址位于长卿山西麓，现有邓稼先纪念馆、三防教育馆、两弹历程馆等，成功评为“第三次全国文物普查百大新发现”。还有融历史遗迹和自然遗迹于一体的国家 AAAA 级风景区——七曲山风景区。梓潼有深厚的文化积淀。有以长卿山司马石室和唐明皇幸蜀琅当驿为代表的汉唐文化，有以卧龙山诸葛寨等遗迹为载体的三国文化，有以古柏林和“翠云廊”为背景的生态文化，有以国医圣手蒲辅周为代表的中医文化，还有以近现代革命遗迹为对象的红色文化等等。但其中特别突出的还是梓潼特有的文昌文化，它不仅包含了被联合国教科文组织誉为东方交响乐的文昌洞经音乐，而且还包括戏剧活化石——傩戏艺术、独特的古建筑文化等，并融入了中华传统文化中哲学、宗教、伦理、道德等方面的精华。因此，梓潼成为文昌帝君发祥地，有“文昌故里”之称。

文昌闸坝工程

七曲山大庙

美食

梓潼酥饼，又名“薄脆子”“贡饼”，是梓潼名特小吃，和**梓潼片粉**、**梓潼镶碗**一起被称为“梓潼三绝”。由于其独特的品质、传统的制作技巧和原生态自然环境的优势，具有与其他同类产品不同的优异特性。其形如满月、色泽浅黄、酥纹细腻、香而薄脆，具有余味悠长、淡雅恬静等特点，老幼皆宜，久食不厌，被誉为食中佳品、馈赠上品。

梓潼片粉被誉为梓潼乡土风味小吃三绝之一。食之有麻、辣、冲之味，秉性尚热，嚼之，柔韧凉爽。一道小食，寒热均俱，阴阳相宜。梓潼片粉，色绿质嫩，柔滑而富弹性，整洁而层次分明，食时兑料讲究，多配以麻辣酸调料，若浇以豆豉酱汁、窝油高醋、辣椒香油、大蒜芥末，视之绿盈水泛，食之香麻辣冲，嚼之柔韧凉爽，寒热俱佳，清嫩爽口，阴阳相宜，鲜味独特。

梓潼镶碗是地方上的一道特色大菜，接待贵客，必有镶碗。镶碗用料有鸡蛋、豆粉、豆腐、肉馅；底料有木耳、黄花、豆皮、酥肉、时令蔬菜等。制作时蛋清、蛋黄分别上笼蒸熟，呈黄白二色，造型美观，滋润可口，深受食客喜欢。镶碗又是“十大碗”中的第一道盖面菜。

住宿

梓江水利风景区地处梓潼县城，景区内部已经具备一定的接待能力和服务能力。如潼江印象、九曲潼江庄园、金宝村、西岩寺、沿江多处农家乐等，已能满足各类游客的需求。除此之外，因紧靠城区，梓潼县城的住宿设施也可供使用。梓潼县城区现有福瑞来宾馆、时尚睡吧商务酒店、东方宾馆、两弹城酒店、华华旅馆、水生家庭旅馆等，还有其他各种档次的宾馆、客栈。

交通

梓江水利风景区位于梓潼县城区，交通便利，通达度高。境内交通以公路为主，108 国道、347 国道，还有连接西成高铁江油火车站的 209 省道，使梓潼的区域交通区位优势更加显著，水利风景区的可进入性大大增强。

古宇湖落日

沙鸥翔集——古宇湖国家水利风景区

古宇湖水利风景区

古宇湖水利风景区位于内江隆昌市境内，距城区3公里，是休闲、度假、避暑的好地方，也是隆昌水利服务功能的重要窗口和崭新名片。

古宇湖水利风景区总面积26平方公里，水域面积4.29平方公里，景区“山青、岸绿、水美”，蕴藏着丰富的水资源和森林、寺庙、人文景观等，已建成的宏伟壮观的水库大坝、溢洪道、放水设施等水利工程设施，吸引众多游客来此大饱眼福，在观赏的同时，激发广大游客对前人业绩的赞赏和对水利工程设施的保护责任。

古宇湖水利风景区水域宽阔，层峦叠翠，以幽、深、秀、奇而著称，犹如一幅浓淡相宜的水墨丹青。古宇湖以湖泊水景、环湖松林以及成群的野鸭和灰鹤为特点，素有“川南明珠”“候鸟乐园”之美誉。每年10月至次年4月，十几万只水鸟在湖面飞翔，蔚为壮观，勾勒出一幅人鸟和谐相处的美好画卷。北岸，骑龙坳至鹞子岩连绵十余里的悬崖陡壁，奇绝险竣。南岸，是毛泽东、朱德、邓小平等老一辈伟人走过的地方。湖中心二十余座小岛各成一处风景，碧波粼粼漾漾，湖光山色交相辉映。

古宇湖由水库、观鸟台、白庙子水库湿地公园等组成，令人赏心悦目；地文景观：库内山峦重叠，随阳光照射不同，呈现“物不动而神韵动”的特色风光；天象景观：随季节和天气变化，有雪景、雨景、朝霞、夕照、云海、雾凇、雨凇等景观，以朝霞、雾凇最为壮观；生物景观：自然生态物种多、体量大，有国家二级保护动物野生黄鸭。

◆ 周边景区

隆昌石牌坊 位于隆昌县金鹅镇巴蜀古驿道南北两端，现存17座，其中主要的13座呈念珠状坐北向南一字排列，位于巴蜀古驿道隆昌县城南北两端。牌坊沉淀和蕴涵华夏文明精髓，是集哲学、历史、数学、文学、力学、建筑学、美学为一体的明清建筑精粹，具有很高的科学艺术价值和观赏价值；其以全国最大的石牌坊群、唯一的男女同坊和牌坊种类多样、奉旨建造、雕刻精美等为特色，可与安徽歙县牌坊媲美。隆昌石牌坊群于2001年被国务院列为全国重点文物保护单位，2005年3月，隆昌县被命名为“中国石牌坊之乡”。景区内四个展览馆里通过多媒体放映、幻影成像、电子沙盘、触摸屏、油画、雕塑等多种方式让游客了解牌坊厚重的文化。

美食

隆昌羊肉汤以草饲的黑山羊为食材，剔除肉质的羊骨熬成一锅奶白色的汤，内脏与肉煮熟切好冒汤撒上香菜与葱花，以豆瓣酱加辣椒小葱蒜泥为佐料，汤味鲜美滋补，羊肉羊杂以酱汁蘸食。

交通

交通便利，成渝高速、隆纳高速、汉隆高速均有路标，景区内有环湖路1条，停车场6处，码头6处。

住宿

金鹅宾馆：地址位于隆昌市顺河街11号。

古宇湖水利风景区

鸟瞰黄鹤湖

人间仙境——黄鹤湖国家水利风景区

黄鹤湖坐落在美丽富饶的沱江之滨，内江种蔗、制糖历史源远流长，故称“甜城”。四川省内江市黄鹤湖水利风景区就是镶嵌在这个历史悠久、诗情画意“甜城”中的一颗璀璨明珠。景区距市区 14 公里，区位优越，交通便捷。景区面积 12.47 平方公里，属亚热带季风气候区，气候温和，四季分明，雨量充沛，年平均气温 17.7℃，极端最低气温 -3℃，极端最高气温 41.1℃。无霜期长达 300 天以上。

景区以内江市市中区黄河镇水库为中心，以川南大草原、安泰山庄休闲度假区、永安现代农业园、朝阳古街、国墨水乡观赏鱼养殖等重要景点为辐射，构成了一座弘扬水文化、开展水生态自然环境教育的户外课堂，是一处集水生态观光体验、休闲度假、康养避暑于一体的生态休闲养生福地，是内江市不可多得的美丽后花园。

景区的主体为黄河镇水库，位于沱江水系乌龙河支流桂溪，建成于 1960 年，是一座集农业灌溉、防洪、供水和水利旅游等多重功能于一体的中型水库，是四川省重点交通战备防洪保安工程，是向家坝灌区囤蓄水库。

黄鹤湖水利风景优美宜人，水文化底蕴厚重，景区坐拥于丘陵秀峰间，四周层峦叠嶂，山、林、水、村相映成趣，构建起一个和谐美妙的人间仙境。景区四季山青水碧，林木葳蕤，水质清冽，波光潋滟，鱼鸥游翔，鹭戏水粼。俯瞰库区，湖平如明镜，两岸绿树掩映，朝阳山、元山子山和锅盖山三足鼎立，趣味盎然。游客或畅游青山绿水间，或漫步堤坝岸边，享受着负离子浓度高达每立方厘米 6000 个以上的天然氧吧，使美不胜收的景致和心灵的愉悦感受纷至沓来。

黄鹤湖全景

黄鹤湖国家水利风景区

◆ 周边景区

朝阳古街、复觉寺、朝阳寺、圣水寺、高居山坳的龙居山古牌坊，以及供奉福、禄、寿的三星庙等众多独具魅力的古迹，展示给人们一座座自然与人文交相辉映的丰碑，为景区增添了幸福快乐的乡风乡情，令人醉美不已。

黄鹤湖国家水利风景区

美食

内江盘龙黄鳝味道麻辣鲜香、刀工讲究，吃法也相当“另类”。吃的时候，只要夹住鳝头，咬住鳝背，用力一扯，鳝头带骨全部脱落，留在嘴里的便是嫩滑可口的鳝肉了。盘龙黄鳝的做法很简单，不需什么佐料，是地道的内江乡土菜。

住宿

川南大草原度假酒店：地址位于内江市市中区永安镇马家寺村6社。

交通

黄鹤湖位置特殊，永安、朝阳、凤鸣、全安四镇内都有涉及。厦蓉高速→蓉遵高速→渝昆高速，从永安出口出高速，然后右转进入内荣路，从黄鹤湖出口出。

青竹江国家水利风景区

天然氧吧——青竹江国家水利风景区

青竹江是青川县的母亲河，全长204公里，流域面积2873平方公里，是特有鱼类国家级水产种质资源保护区。青竹江水利风景区依托青竹江而建，景区面积1753平方公里，属自然河湖型国家级水利风景区。

它地处四川盆地北部边缘，北接甘肃省文县，南临江油市，西接绵阳市平武县，东南靠剑阁县，距青川县城约25公里。区内海拔在500~2000米。流域内峡谷幽深，风光旖旎，大熊猫、特有鱼类、光叶珙桐等珍稀动植物众多，水利风景资源丰富。投资9.8亿元的曲河水库形成的青龙湖景观、投资2.3亿元的东阳水库形成的东阳湖景观，两大人工姊妹湖成为青竹江水利风景区的核心景点。流域内水利风景资源、唐家河国家级自然保护区、青溪古城、阴平村中国乡村旅游模范村、东河口地震遗迹国家地质公园、特有鱼类国家级水产种质资源保护区等优质旅游资源的融合，形成了生态文化、三国文化、红色文化、民俗文化、感恩文化及农耕文化相互交融的景区特色，生态旅游资源和历史文化资源丰富，具有较高的科研科普和生态经济价值。景区地表水质常年保持在Ⅱ类以上，植被覆盖率达80%以上，每立方厘米负氧离子达2.5万个，是名副其实的天然氧吧。

青竹江有两处奇特的吐鱼洞，鲇鱼洞三月会吐出大量的鲇鱼，荞鱼洞九月会吐出大量的鲇鱼，如果你这时去也许会亲手抓到大鱼哟。

唐家河漂流

唐家河荆花开

阴平村全景

◆ 周边景区

剑门关风景区 地处四川省广元市剑阁县城南 15 公里处，距青竹江水利风景区 20 多公里。剑门关风景区由剑门关、翠云廊两个紧邻景区组成，主要景点有剑门关、剑阁道、七十二峰、姜维墓、邓艾墓、玻璃景观平台等，是四川大九寨环线的重要节点和蜀道三国文化精品旅游线路的支撑中心。

九寨沟 距青竹江水利风景区 80 多公里，是一条纵深 50 余公里的山沟谷地，总面积 6.43 万公顷，森林覆盖率超过 80%。因沟内有树正寨、荷叶寨、则查洼寨等九个藏族村寨坐落在这片高山湖泊群中而得名。

白龙湖风景区 北接甘肃文县余家湾，南至广元市中区三堆镇的宝珠寺，东起陕西宁强的金山寺，西距青竹江水利风景区 30 多公里，水域总面积 78.8 平方公里，被誉为“西南第一湖”。

窦圌山 又名圌山，位于四川江油城北 20 公里的涪江东岸，距青竹江水利风景区 50 多公里，面积约 4.7 平方公里。窦圌山景区有十大旅游区域，28 个景点。1988 年，云岩寺被国务院列为全国重点文物保护单位。

平武报恩寺 位于四川省平武县城内，距青竹江水利风景区 20 多公里，距绵阳市区 184 公里，是我国保存最完整的明代古建筑群之一。报恩寺由东而西，地势次第升高，规模宏大，布局严谨，装饰华丽，工艺精湛，是宫殿、庙宇兼而有之的旅游名胜。1996 年被列为全国重点文物保护单位。

美食

青川是全国森林蔬菜、干菜和食用菌基地，出产的绿色食品享誉国内外。这里有青川黑木耳、青川竹荪、青川天麻、七佛贡茶、白龙湖银鱼、青竹江特色鱼、唐家河野生蜂蜜 7 个国家地理标志保护产品和“天然高级保鲜品”的香菇、“真菌之花”的竹荪、“山菜之王”的蕨菜等。这里还盛产核桃、油桐、板栗等干果和刺梨、猕猴桃等野果。核桃饼、青川热面皮、酸菜豆花面、铜火锅、清真九大碗、豆瓣鲜鱼、豆腐宴、烤全羊等都是青川知名的特色美食。

住宿

青川唐家河大酒店是一家集客房、餐饮、会务、休闲康乐等于一体的综合性旅游度假首选酒店。酒店地处四川省青川县唐家河国家级自然保护区内，是保护区内唯一的科研交流、旅游服务基地。酒店 10 座独立别墅拥有总统套房在内的各类型客房 122 间，共 203 个床位；具有风味独特的中餐厅、西餐厅、贵宾包房、露天餐厅；建有现代影音系统完备的学术厅（容纳 250 人）、大会议室（容纳 150 人）、中会议室（容纳 100 人）、小会议室（容纳 40 人）；设有茶坊、KTV 包厢、购物中心、篝火广场、森林氧吧网球场等服务和娱乐设施，配套服务项目齐全。

青川青溪镇阴平村民宿位于青川县青竹江水利风景区北部青溪古城，距唐家河自然保护区 20 公里，因其风景宜人、人文底蕴深厚，称其为“川北第一村”。村内共 120 家民宿，星级农家乐 36 户，平均每户客房达 20 余间、40 余床位，全村客房数超 2000 间、3000 床位。每个农家院安静地坐落在阴平村，环境优美，依山傍水，房间设施齐全，集餐饮、住宿、娱乐、休闲于一体，还能品尝农家自酿的玉米酒。

交通

宝成铁路复线、绵（阳）广（元）高速公路、212 国道、105 省道、四川旅游北环线（金子山—唐家河）横穿境内。县内竹园火车站距青竹江水利风景区约 4 公里，姚渡火车站距青竹江水利风景区 50 多公里，青川高铁站距青竹江水利风景区约 3.5 公里。另有 10 条出境通道，交通、通信网络健全、便捷。

白鹭湖国家水利风景区

梨乡飞霞——白鹭湖国家水利风景区

白鹭湖国家水利风景区距苍溪县城14公里，以苍溪县骨干中型水利工程白桥水库为依托建设，因“落霞满库，百鸟归巢”的壮丽白鹭景观而得名。白鹭湖因其得天独厚的地理优势，实现水库型和灌区型水利风景区双结合，营造了以水库为核心的具有田园风光的生态景区，充分体现出景区修复水生态、保护水环境、维护水工程、营造水景观、弘扬水文化等功能，实现传统水利向资源水利、共享水利的转变，让人民群众共同享有水利建设的丰硕成果。

白桥水库始建于1973年，位于苍溪县“鱼米之乡”白桥镇，属嘉陵江水系。水库由大坝、溢洪道、放水设施等组成，总库容1440万立方米，是一座以农业灌溉为主，兼有防洪、生态旅游等综合功能的中型水库。随着人们物质文化生活水平的提高，对蓝天碧水的需求与日俱增，水库的生态旅游功能突显。景区内有灵泉阁、火烽庵、青山驿（古汉昌县城遗址）、寻乐书岩（清代书法展厅）、现代农业节水灌溉示范园区、单箭射凤凰等众多景点。

白鹭湖国家水利风景区

白鹭湖国家水利风景区

白鹭湖国家水利风景区

◆ 周边景区

景区南接阆中古城，西邻剑门关，优美的自然风光和厚重的三国文化形成差异，让人倍感身心愉悦。

美食

景区美食除了酒香糯米、红烧鲫鱼、盘龙鳝鱼、栽秧酒四大特色菜以外，还有炸苗香、炸椒叶、油勺、皮蛋、炸泥鳅、炒龙虾、烤红薯、腊肉、鱼肉干等众多特色小吃，苍溪雪梨、红心猕猴桃驰名川内外，可以让游客一饱口福。

住宿

苍溪县国际大酒店距景区 14 公里，位于“雪梨之乡”苍溪县城滨江路，是苍溪首家多功能高档豪华酒店。占地 30 余亩，总建筑面积 3.3 万平方米，主楼高 16 层，拥有智能客房 253 套，集餐饮、住宿、休闲娱乐、商务、会议及商贸于一体，展现出豪华与幽静、雍容与优雅的超凡气质。

交通

（1）动车：成都东站乘坐苍溪—峨眉山专线。

（2）自驾：可走成南高速、成巴高速、广南高速，出口距景区 14 公里。

（3）公交：可在县城乘中巴车专线直达景区。

化湖景区

绿中透红——化湖国家水利风景区

化湖位于巴中市巴州区化成镇，距巴中市城区23公里，属水库型水利风景区，景区面积12平方公里，其中水域面积3.12平方公里。景区主要由川北廉政教育品牌——清风廉政教育基地、巴中建成最早的水源性工程——化成水库、极具特色的水上观光游览乐园——化湖生态乐园、厚重淳朴的巴山民俗文化——化湖巴山新居四大核心景观构成，已经形成以巴蜀水文化、廉政红色文化、假日休闲、巴山民俗体验、生态垂钓为特色，集生态、文化、休闲、清廉教育为一体的水利风景区。景区碧波荡漾，群峰侧映，植被茂盛，风光旖旎，被誉为“巴城后花园”。化湖丰富的“绿色”旅游资源同巴中“红色”革命传统紧密相联，形成了自己独特的旅游文化。2015—2016年期间，景区先后成功创建省级水利风景区、国家级水利风景区、国家AAAA级旅游景区。

化湖山水，天然灵气，水天一色。七条河流形似“莲花”，次第汇入，形态各异，各具特色，充满智慧与韵味。化湖的美，有山水暮色的美奂，有艄公泛舟的韵律，有春江水暖的夕照，有落霞伴归途的意境，让人沉迷画中，流连忘返。畅游化湖，可赏湖、泊心、观自在；可泛舟、攀山、闻莺歌、观燕舞；可赏花、戏水、品化湖生态鱼、饮碧水琼浆。这一切，令人压力皆释、块垒尽吐、烦恼全消，体会“湖光山色如画境，游人不思进贤冠”的绝妙感受。

化湖人杰地灵，北宋天文学家张思训、开国中将吴瑞林的故里今日犹在，奇章楼外林荫匝地，老君山下追寻战火，九龙神主碑精美绝伦。化湖不仅有得天独厚的自然生态环境、浓郁的乡土风情、突出的红色革命文化，还有着优越的地理区位和便利的交通条件。

雨后化湖

◆ 周边景区

天马山国家森林公园 位于巴州区东北部，由天马山和阴灵山两大景区组成，距化湖约20公里。公园总面积2297公顷，其中森林面积2125公顷，森林覆盖率92.5%。公园属亚热带季风气候类型，春旱、夏湿、秋雨、冬寒四季分明，特别是炎热的6—9月，平均气温比巴中市城区低4.5℃，气候条件和森林生态环境优良，是人们理想的休憩、旅游、疗养、避暑之胜地。

柳津湖水利风景区 位于巴中市主城区，距化湖约20公里。景区主要依托柳津湖以及巴河段河道两岸堤防工程形成14公里河道景观休闲带，是集生态休闲、滨水游憩、文化风情、综合服务于一体的城市河湖型水利风景区。

光雾山—诺水河风景名胜区 位于四川省巴中市北部，距化湖约100公里。主要有诺水洞天、临江峡谷、空山天盆等景区。

巴中南龛风景区 位于巴中城区南郊的南龛坡上，占地3000亩，古今文明汇聚一园。园内有飞霞亭、麓阴亭、怀古亭、吟会亭和云间阁、丹梯阁以及玉佛寺、大雄宝殿、观音殿、释迦牟尼殿，十分雄伟壮观。玉佛寺内敬奉有从缅甸请来的高达2米以上的玉佛100尊，是目前中国规模最大、功能齐全的大型玉佛寺庙之一。

红色印记广场

化成水库举办的桃花节

莲心池

美食

化湖美食以鱼、山珍野味为主打。最能代表化湖的菜非化湖胖头花鲢莫属，此外还有火锅鱼头、冷锅鱼、酸汤鱼、太安鱼、巴山柴火鸡、红烧豪猪、十大碗等。这里的美食承载着四季的变化，不同季节的食材具有不同的风味。其他特色小吃还有油茶、鸡丝豆腐脑、芝麻饼子、串串香，等等。

住宿

化湖度假酒店是按三星级标准建造的现代化豪华度假酒店，位于巴州区化湖景区，距景点约50米。酒店设有豪华舒适的森林房、湖景房，有化湖库区野生鱼唯一指定经销的特色餐厅，可同时容纳200人就餐。酒店集多功能会议室、典雅的品茗室、棋牌室等设施为一体。

地址位于巴州区化成镇化柳路12号。

交通

化湖水利风景区位于巴中市巴州区化成镇，距巴中市城区23公里，可以通过以下方式前往：

（1）自驾：巴中城区→化湖景区（20公里，约30分钟车程）。

（2）长途汽车：成都→巴中→化湖有客运汽车直达。

（3）火车：景区距离巴中市火车站约22公里。

（4）飞机：景区距达州河市机场约141公里，距巴中恩阳机场约57公里，距广元盘龙机场约189公里。

柳津桥下游河道水景

巴山玉环——柳津湖水利风景区

柳津湖水利风景区位于巴中市主城区，是城市河湖型水利风景区，总规划面积约 18.5 平方公里，其中水域面积 2.93 平方公里，风景区以巴河治理工程为依托，投资 13 亿元，先后实施了巴河治理一期堤防建设工程、二期堤防工程及景观闸建设工程。

巴河景观闸 2016 年建成蓄水，自大佛寺至李家湾形成了 14 公里长的河道景观带，包含回风文化公园、中交运动公园、巴河廊桥、望王山运动公园等景观节点。“城在山中建，水在城中流，楼在林中立，人在景中游”是巴中提出的自然人文和谐发展的目标。柳津湖水利风景区将江北的望王山运动公园、巴人广场，江南的南龛文化产业园、川陕苏区将帅碑林、晏阳初文化公园，纳入景区范围，实现各风景资源有机串联，既各有主题特色相互独立，又相辅相成互有联系，共同勾勒出“青山拥碧水，明潭抱绿珠”的迷人盛景，使柳津湖水利风景区资源条件、文化内涵进一步丰富。

巴河是巴中市的“母亲河”，河道蜿蜒，风光秀美，巴城一二期巴河治理工程改善了柳津湖水利风景区的水质条件，修复了受损的生态系统，促进了水资源可持续利用和水生态良性循环。

柳津湖水利风景区的总体规划坚持以水为突破口，以柳津湖、南龛山、望王山形成的两条城市景观轴线为载体，以运动康养为特色，以“巴文化”（包括巴文化、水文化、养生文化、宗教文化、节庆文化、三国文化、红色文化、星象文化等）为灵魂，打造集运动康养、文化体验、生态休闲、水上娱乐、商务度假、科普寓教于一体的全国知名的城市河湖型、文化主题式的水利风景区。以“难去巴中情，缘来柳津湖”为形象定位，一来一去之间突显柳津源的情与缘。

缓缓流淌的巴河，风光秀美的巴中，历史悠久的文化，构成了一幅美丽的山水城市画卷。这里有着丰富的名胜古迹，多彩的城市景观，更有巴人智慧的结晶和人水和谐的真实写照；这里山清水秀，景韵独特，冬无严寒，夏无酷暑，空气清新，动植物资源丰富，林草覆盖率达 91%，是极佳的避暑胜地。

回风文化公园占地面积 3.2 万平方米，以回风亭为核心建筑地标，按照沿河景观一体化设计打造，以滨河生态木栈道为主题，串联起回风广场、历史记忆长廊、时尚休闲长廊、柳津桥头广场等节点。公园内的回风亭，是四川省第七批省级文物保护单位，五层楼阁式建筑，坐南朝北，平面呈正八边形，立面仿哥特式建筑，中西文化融汇，是古城巴中独具特色的标志性建筑之一。

河道夜景

中交运动公园位于晏阳初大道与巴河之间，有1250米沿河生态景观绿廊，园林景色宜人、河风清爽，令人心旷神怡，流连忘返。散步河堤，两岸的建筑物在五彩灯光的照射下显得光彩夺目，河面在两岸霓虹灯的映照下流光溢彩。在这里，城市的繁华与巴河的静谧融为一体，和谐而美好。

望王山运动公园位于巴中市城北望王山，据传因"唐章怀太子长登此山以望京阙"，故名望王山。公园占地面积1500亩，望王山修建有登山步道2000多米，新建有健身步道、网球馆、羽毛球馆、篮球场等，是一处以运动为主题的城市山地森林公园。游客自山脚下高达11.2米的仿古山门沿登山步道拾级而上，至半山腰的仿唐建筑望王楼，登楼望高，可欣赏巴城美景。未来望王山登山梯步也将与三号桥、巴人广场、南龛坡上山梯步连成一条轴线，成为巴城的城市中轴线。

南龛文化产业园则是一处以宗教文化、红色文化为主题的园区。南龛摩崖造像是全国重点文物保护单位，始创于南北朝，增镌于唐朝。此造像是以佛教为主的宗教艺术，有"全国盛唐彩雕第一"之称，是古代石窟艺术的优秀代表。川陕苏区将帅碑林是全国最大的红军碑林，主要由红四方面军主要将领纪念像园、碑林长廊、红军将士英名纪念碑、红军陵园、楹联长廊、将帅碑林纪念馆等14个景点构成，是全国爱国主义教育基地。

◆ 周边景区

恩阳古镇 坐落于川东北地区的革命老区巴中市恩阳区，东临巴中市区。恩阳河从旁流过，故名恩阳古镇。

恩阳古镇历史悠久，古镇由最初的水码头为基础发展而来，在水运占据主导的古代一度繁荣，曾有"小上海"之称，当下仍然保留着28条古街、数百座明清古建筑。1933年川陕革命根据地成立，首府巴中，恩阳县治所位于今恩阳镇，为古镇增添了浓浓的革命色彩。

恩阳河水已然平缓，这里的人亦悠然，民风淳朴。作为"四川十大古镇"之一，却鲜有人知。2013年恩阳建区，开发进程方开始发力。

山水化湖景区 位于巴州区化成镇，距市中心仅19公里，东连清江镇，南靠经开区，西部毗邻化成镇，北部直通天马山国家森林公园。

回风亭

美食

恩阳十大碗是最具地方特色的一种川北传统宴席菜肴，有刀口丸子、龙眼肉、坨子肉，大酥肉等。

恩阳镇的"提糖麻饼"，以外酥内脆、香味浓郁名扬川内外，在"四川南江红叶节"上被誉为"最好的特产"。

巴州油茶，又称魏油茶，在巴中人的早餐中占据了重要的位置。魏油茶距今已有三百多年历史，其制作方法独特，闻而清香、食而爽口，长期以来备受欢迎，可以说，魏油茶是老一代巴中人的心头好。

鸡丝豆腐脑，用黄豆磨浆制成豆腐脑，食用时加熟鸡丝和各种调料，麻辣鲜香，入口而化。鸡丝豆腐脑吃的不仅是豆腐脑，还是巴中人的回忆！

住宿

巴中丽景图腾酒店、巴中兴合阳光酒店、巴中天马山温泉度假酒店。

交通

柳津湖水利风景区位于巴中市中心地带，交通便利。巴中交通条件优越，"四纵四横一航"综合交通体系正在顺利推进，成巴、巴广、巴南、巴达高速和巴成、巴达铁路已建成通车，巴陕高速正在加快建设，巴中恩阳机场已于2019年年初通航。南连北接、承东启西、外畅内达的区域交通枢纽和高速、铁路、航空等立体交通格局初步形成，柳津湖水利风景区可进入性迅速提高。

玉堂水库

青幽滴翠——玉湖国家水利风景区

南江县位于四川东北边缘，米仓山南麓，与陕西汉中接壤，地处成都、西安、重庆三大城市的“几何中心”，是成渝、关天两大经济区的中心地带。全县幅员 3388 平方公里，70.9 万人口。

南江，红色土地。这里是全国第二大苏区的中心，徐向前、李先念领导的中国工农红军第四方面军曾在这里战斗。

南江，历史悠久。古属巴国，后为集州，古时名为难江，取“江水难涉”之意。

南江，物产丰饶。3 万亩与恐龙同时代的植物“活化石”——巴山水青冈稀世独有，被誉为“秦巴山区生物基因库”，是“中国红叶之乡”“中国核桃之乡”“中国南江黄羊之乡”“中国金银花之乡”“中国富硒茶之乡”。

南江，风光秀美。有光雾山国家重点风景名胜区、国家AAAA级旅游景区、国家地质公园、国家森林公园、国家自然遗产五个“国”字品牌，是名副其实的“中国最具原生态旅游资源大县”。

绝佳的生态优势，丰富的资源优势，成就了玉湖水利风景区的天生丽质。

南江玉湖水利风景区以玉堂水库和七彩长滩为核心，景区面积41.8平方公里，水域面积2.83平方公里，辖5个乡镇，地形北高南低，四周群山环抱，气候呈春早、夏热、秋凉、冬暖的特点。四季分明，气候温和，雨量充沛，光照适宜，无霜期长，适游期长，是兼具生态价值与乡村意境的国家水利风景区、国家AAAA级旅游景区。

景区湖面碧绿似玉、岸线蜿蜒似龙，鱼儿摆尾、鸟儿掠水、渔船泛起涟漪、渔家唱红晚霞，宛如一幅唯美画卷。游客可乘轻舟泛于玉湖，观青山秀美，赏碧水蓝天，享受难得平静；也可停船靠岸，漫步湖滨栈道，怡然自得，悠哉乐哉。

景区山体、岛屿、古村落、农田风光等景观和谐共存，农耕文化、红军文化、佛教文化、特色餐饮文化旅游资源价值较高。信步湖边，中山寨自成一景，明镇寺香火鼎盛。稍远处，还可以品玉白鱼宴、摘黑池杨梅、赏花石樱花、观花桥流水、游长滩彩林。中奎山、长赤禹王宫等红色精品景点融入其中……

长赤禹王宫建于清嘉庆二年（1797 年），为四合院中式砖木结构建筑。山门前壁系镂空青砖浮雕花卉、飞禽、走兽、喜字图案和张飞锁当阳桥图、白鹤寿星图等，刻工精美，表情生动。禹王宫建筑设计集明、清建筑工艺之大成，是民间建筑精品代表作之一。

1933—1935 年，中国工农红军第四方面军长征过南

玉白渔村

江，建立长赤县苏维埃政府、红三十军经理处及军械所于禹王宫，老一辈无产阶级革命家徐向前、李先念曾在这里进行革命活动。1980年，长赤禹王宫被四川省人民政府列为省级文物保护单位。

玉湖半岛三面环水，如一琵琶横陈湖中，乃风水地理之精华。半岛分为“福庄”“寿坊”，清一色的川北民居，弥漫着浓郁乡情；货真价实的农家饭，飘来翡翠米香；闲情漫步环湖曲径，领略“春约桃花开半岛，风抛柳线钓苍波”的美景。

登临中山寨，欣赏湖光山色，感受田园农舍之风情。中山寨处玉湖半岛山顶，清朝末期赵天台之后赵中山在山寨练兵习武，号称中山王，“中山寨”因此而得名。中山寨地势险峻，植被丰茂，风景如画，步移景换，登山四顾，湖光山色尽收眼底。走进原始村落，切身感受一方水土养一方人的风土人情。

景区内花木掩映，环境优美，廊桥典雅，诗情画意，集观光、休闲、娱乐、垂钓体验为一体，是休闲度假的最佳去处。游客可充分享受养心、养性、养生的愉悦。

长滩景区是南江玉湖水利风景区的重要组成部分，采取林旅结合、科旅结合的方式建设，已建彩林基地1.15万亩，引进140多个彩叶植物品种，也是玉堂水库重要灌区之一。

◆ **周边景区**

光雾山风景区以观红叶为主，有米仓山森林公园、米仓古道和凤仪蒋氏祠堂。

环湖步游道

长赤禹王宫

美食

生态全鱼宴、土灶柴火鸡、长赤麻饼、正直酥肉、正直特色手工酸辣粉。

住宿

玉湖酒店、十大碗农家乐、玉湖半岛休闲山庄、风情农庄、长滩升泰苑。

交通

景区交通区位优越，紧邻万广高速，距巴中市30公里，距南江县城55公里，303省道贯穿景区。

线路推荐：

（1）成都→盐亭→正直→七彩长滩→醉美玉湖→下两→成都。

（2）重庆→广安→巴中→正直→七彩长滩→醉美玉湖→下两→巴中→广安→重庆。

（3）西安→汉中→光雾山→南江→长赤→醉美玉湖→七彩长滩→广元→汉中→西安。

牛角坑水库景区

天然画廊——江口水乡国家水利风景区

白衣古镇景区

江口水乡国家水利风景区位于四川省平昌县境内，属于嘉陵江流域渠江水系。这里历史悠久，置县迄今已有1700余年。西晋太康元年（公元280年）置平州县，清雍正七年（1729年）置江口分州。这里河网纵横，河网密度每平方公里0.33公里，河流总长度747公里。在山水灵气的浸润中，孕育出7个国家AAAA级旅游景区，为平昌带来了“天然画廊、水乡平昌”的美誉。

江口水乡以山为“骨”，以水为“魂”，开发出以“一核三带”（一核是县城核心区，三带是双滩景区、驷马景区、白衣古镇景区）为干，3座库容量近2000万立方米的中型水库（双桥水库、牛角坑水库、友谊水库）为支的水利风景区。

县城核心景区：为“两河一溪”（通河、巴河、龙潭溪）所盘绕的佛头山城市森林公园（国家AAAA级旅游景区）。景区面积293公顷，森林覆盖率达90%，融爱国主义教育、佛教文化、城市休闲于一体。主要景点有全国最大的工农红军石刻标语园、刘伯坚烈士纪念馆、书法碑林、佛山寺、环山栈道、印象老街。

双滩景区：水域面积约2300万平方米，总库容3.0亿立方米，建有巴中市水电开发重点工程——双滩水电站，装机容量3.6万千瓦。景区融水能、水养、水游于一体。景区山势峻峭伟岸，水势平缓柔美，静可观笔山梯田、断滩竹海、朝阳佛洞、三公圣庙，动可赏大鲵游弋、野鸭翻飞、白鹭戏水、群鲤逐浪，人文自然相得益彰。当地素有“尝双滩河鲜再无鲜，游断滩竹海再无竹”的美誉。

驷马水乡景区：地处全国重点镇驷马镇，景区以驷马河国家湿地公园为依托，以水乡生态、湿地保护和景观湖泊为特色，因地制宜营造出山掩水映、动静皆宜的视觉变化和感官体验。穿山林，过农家，看小桥流水，观黄莺柳烟，探溶洞奇险，感山水之亲近，品农家之恬淡，游客在此可彻底放飞自我，回归自然。

白衣古镇景区：为古柳州所在地，这里是全国重点镇，有古镇十景、百里浴场、千顷沙滩等自然景观，还有丰富的明清建筑、悠久的古镇码头和翰林文化。古有诗云“小阁楼台照白衣，凤凰展翅扑蒙溪，鲤鱼坂子回头望，步步登高入云梯”，就是对白衣古镇美景的赞叹。

◆ 周边景区

镇龙山国家森林公园 山峦秀雅、溪河蜿蜒、森林浩瀚、季相绚烂。

皇家山国家AAAA级旅游景区 有明末清初农民起义领袖黄花天子黄登欲在皇家山建立“皇城”的传说遗址，有国家非物质文化遗产“翻山铰子”，有“皇山雀舌”万亩生态茶园，有长安古道、天子坟、犀牛望月、仙人下棋、神猴打鼓等十余处自然景观。

南天门国家AAAA级旅游景区 是米仓古道必经地，也是集道教文化、民俗文化、红军文化于一体的森林运动公园，这里有国际自行车“环中赛”的“皇后赛段”“最美赛段”。

“三十二梁”国家AAAA级旅游景区 主要包括千佛山、龙井芍药花海、龙尾茶文化产业园三大景点，总面积25.5平方公里。

巴灵台国家AAAA级旅游景区 因清朝乾隆庚辰恩科举人、房山县令吴道凝撰写的《巴灵台赋》闻名遐迩。此景奇峰突兀，跃天马于云汉；灵台高悬，列翠屏于碧空。夜光起而星斗近，晓声发而鼓角洪。风盘宿烟，疑鹤盖之常满；月依孤岭，想蟾宫之可通。

还有朱德纪念馆、邓小平故居、张爱平纪念馆、南江光雾山、通江诺水河等景区。

驷马水乡景区

美食

江口水乡是绿色食品的家园。江口青鳙、镇龙瓦灰鸡、平昌青花椒荣膺国家地理标志产品，驷马手磨豆瓣、杨氏风味风干鱼、朱老头腌腊制品、风味干豇豆、平昌青芽茶、白衣全鱼宴等绿色食品美名远扬，有中国驰名品牌“江口醇”和“小角楼”两款美酒佳酿。有诗云：碧水映丹霞，溅溅度浅沙。暗通山下草，流出酒中花。素色和云落，暄声绕石斜。明朝更寻去，应到杜康家。

住宿

县城区有酒乡宾馆、龙熙国际大酒店、金豪大酒店等星级酒店和F8快捷酒店等，各景区亦有酒店、民宿，房源充足，安全舒适。

交通

（1）公路：江口水乡水利风景区所在的平昌县素有“川北重镇”之称，处于川陕渝枢纽连接要地。高速公路四通八达，县城至巴中市、达州市的车程仅半小时，到重庆、成都的车程也在3小时内。201省道、202省道经县城横贯全境。

（2）铁路：巴达铁路与广（元）巴（中）铁路贯通，形成广（元）达（州）铁路，是连接达州、巴中两市的重要通道，在平昌县设有站点，距离巴中、达州半小时车程。

（3）航空：景区距离巴中恩阳机场仅70公里，距离达州河市机场100公里。

双滩景区

春在湖

梦幻通江——春在湖水利风景区

通江不是江，是秦巴山区里的“一府三乡”，被誉为“川陕苏区首府”“中国红军之乡”“中国银耳之乡”“中国溶洞之乡”。

通江又是江，“万山环列，诺宕潆回”，诺水就是现在的小通江，宕水就是现在的大通江，诺宕二水作为母亲河，一西一东由北至南纵横县境，在通江县城汇合后，始称通江河，一路向东奔去。依托高坑电站，大、小通江河在县城汇合处至电站大坝区间形成宽阔的水面，就是春在湖。

春在湖是为有力开发县境水力资源，在通江河流经的春在镇下游修建高坑电站后，在通江河上形成的一段长约10平方公里的湖面，春在湖水利风景区正是依托春在湖秀美的山水资源规划建设而成。

春在湖水利风景区地处通江县中心城区东部，地跨诺江、春在、毛浴三镇。春在湖湖面回水线长达16公里，形似一条巨龙，蜿蜒盘踞在深山峡谷中，与通江河形成了明显的差异。山水秀美的春在湖，湖面库容为0.9亿立方米，湖区由大通江河、小通江河、袁池河等多条形态各异的支流汇集而成，两岸植被覆盖率达88%，是一处集灵、秀、幽、妙之韵的风水宝地。春在湖湖面开阔，碧波荡漾，两岸的植被体系、生态环境、红色文化，加上美妙绝伦的水利景观，构成了群山环绕的秀美平湖，景观十分丰富。

革命精神长存的春在湖，文化资源丰富，文化景观众多，历史文化深厚。景区内的诺江镇，是川陕革命根据地首府所在，革命遗址和石刻标语遍及城乡，仅主要革命遗址就多达50余处。红四方面军总指挥部和总政治部旧址、红军广场、列宁公园、巨幅石刻标语等均保存完好。

景区北部毛浴古镇，自古就是通江县东、北向水陆交通要冲，古镇街道沿河岸线状排列，沿街分布着国家重点文物保护单位通江红军石刻标语墙，以及红四方面军政治工作会议、赤江县苏维埃政府遗址、川陕苏区第一所列宁小学、红军拴马林、红军誓词、毛浴古城墙等省、市、县各级文物保护单位数十处，见证了红四方面军和川陕苏区人民为中华民族解放和中华人民共和国成立浴血奋战的苦难辉煌。

春在湖作为通江县的重要水源地，既有原生态的自然河道、湿地，也有人工建设的工程河段，多种类型的河流生态系统集聚于一身。景区水利工程主要由高坑水电站、沿河堤防工程、水运码头等组成，工程与周围自然环境相协调，观赏性强。

毛浴古镇全景

◆ 周边景区

川陕革命根据地红军烈士陵园 距离春在湖水利风景区46公里，是国家AAAA级旅游景区、全国100个红色旅游经典景区之一、全国30条红色旅游精品线路之一，现为中国最大、最早的大型红军烈士陵园。陵园由铁血丹心广场、千秋大道、纪念馆等部分组成，分布着铁血丹心主题雕塑、英勇烈士纪念碑、红军烈士集墓区、无名烈士纪念园、英烈纪念墙、总医院旧址群、“赤化全川”石刻标语等景点。

光雾山—诺水河风景名胜区 位于四川省巴中市北部，距通江县城诺江镇80公里。主要有诺水洞天、临江峡谷、空山天盆等景区。

临江峡谷 方圆120平方公里，著名景点有60多处。峡谷两岸陡壁如削，峡底河水奔涌，形成数十处瀑布；峡中观景，上有一线天，下有一线水；峡区古藤缠树，林茂似海，四季常青。

空山天盆景区 与临江峡谷相接，奇特的岩溶地貌造就了13平方公里的高山盆地。盆中有山峰四座，既卓然独立，又遥相呼应；盆周万山环列，一百多个山峰各具特色。空山又是前国家主席李先念指挥的著名战役“空山战役”遗址纪念地，红军洞、将军树、五十里战壕迄今犹存。

美食

通江民风淳朴，饮食文化多元。通江人既喜欢热情火辣的经典川味，也喜欢醇厚独特的通江味道。菜豆腐稀饭、银耳宴、庖汤锅、柴火鸡、船家子鱼、盐菜面梭梭等，都是让人回味无穷的通江美味。

住宿

通江蜀景假日酒店是由四川蜀景置业有限公司与重庆奥格斯酒店管理有限公司联合打造的，集餐饮、住宿、休闲、会议于一体的精品酒店，总面积14000平方米。酒店拥有设施完善的客房170余间，能同时容纳上千人用餐的宴会厅和中餐包房，配合现代典雅风格的茶楼、早餐厅、时光花园餐吧，无论是旅游、商务、宴请、休闲，都能让您居停惬意、奢享胜家。

交通

春在湖水利风景区地处通江县城核心东北，交通便利，201省道、302省道横穿景区。在县城可乘坐1路公交到毛浴古镇，乘7路公交到春在湖码头。外围区域交通网系发达。公路方面，有十天高速、京昆高速、恩广高速和包茂高速，高速路网呈三角环线，正在建设中的巴万高速和规划建设的镇广高速将从景区经过，成为景区的对外快速通道。铁路方面，景区距离巴中市火车站约70公里，规划中的绵巴万铁路将横穿通江县域，并设站诺江镇。机场方面，景区距达州机场约163公里，距巴中恩阳机场约80公里，距南充高坪机场约222公里。

红军烈士陵园

空山秋色

东郡水乡全景

茶园观鱼——东郡水乡水利风景区

东郡水乡是以通江县大兴乡东郡村、贾家梁村、大石桥村和曲水村为核心，以丰富水利资源为基础的具有农旅特色的水利风景区。其位于通江县城西南，距县城 10.6 公里。核心区占地 11.8 平方公里。景区属浅丘地形，区域内水林资源丰富，36 处峰丛景观，3 处米仓古道和水文遗址，23.1 公里水网，2500 余亩水库、鱼塘、屯水田水面，4 座小（2）型水库，1 座小（1）型水库，37 口堰塘，60 余处保水田、池，1500 余亩沿河湿地，吸引了巴中、达州、南充等地的钓鱼爱好者到东郡钓鱼。景区带动农家乐 28 家，成为乡村旅游示范村重点项目。

东郡水乡摸鱼节

◆ 周边景区

川陕革命根据地红军烈士陵园（国家 AAAA 级旅游景区）、光雾山—诺水河风景名胜区（国家 AAAA 级旅游景区）、空山国家森林公园。

穿云洞

米仓古道石拱桥

东郡水乡灌渠渡槽

美食

酸菜鱼、水煮鱼、红苕（洋芋）锅巴饭、笋子炖鸡、腊排骨等。

住宿

主要以民宿为主。

鲨鱼府　地址：通江县大兴乡东郡村；电话：0827-7366333。

绿源山庄　地址：通江县大兴乡东郡村；电话：0827-7688919。

交通

347 国道、201 省道过境通江县城石牛新区到东郡。

G542 水宁寺出口出高速沿 347 国道（通巴路）在渡水溪靠进东郡水乡。

宝石湖之碧水蓝天

生态河湖画卷——宝石湖国家水利风景区

宝石湖始建于 1958 年，总库容 1.0142 亿立方米，是一座集灌溉、城镇生产和生活供水、防洪、发电等多功能于一体的综合利用的水库型国家水利风景区。

达州市开江县被誉为“川东小天府”魅力小城，地处四川省东部，大巴山南麓，属大巴山脉向南延伸的丘陵与盆地小平原。这里山势奇特壮观，碧波荡漾，风光绮丽，绿树环绕，白鹭栖息，交通方便；地势为略高于毗邻县的小台地，平均海拔 600 米，地形由东北向西南倾斜；境内气候温和，四季分明。拥有悠久历史和璀璨文化的开江人凭借工匠精神，奇迹般地建造出了川东地区最大的人工湖——宝石湖。

宝石湖国家水利风景区位于渠江二级支流明月江上游，坐落于开江县东侧的宝石镇境内，是国家重点生态保护区域。

宝石湖依傍广阔的水域，保障了开江人民的生活用水和农田灌溉。迷人的风景以宝石湖和明月湖为核心，以坝、闸等水利工程为依托，以清香怡人的万亩莲花、佛教圣地金山寺、氤氲缭绕的飞云温泉、宁静而古朴的沙坝老街为亮点，以滨水、亭台为点缀，与景区内的红色文化展览馆、牛山寺公园、故居、宝塔、银杏园、橄榄园等景观资源互相烘托、互为补充，实现了自然风光与人文景观相结合的完美效果。

◆ 周边景区

万亩荷塘 “接天莲叶碧，莲动荷香韵”，宝石湖潺潺溪流孕育出清香怡人的万亩莲花。景区由佛韵莲香区、月色荷塘区、山地度假区组成。佛韵莲香区以千年古刹金山寺为依托，建成黄金堡、莲花观景台、荷塘乐园体验区、婚纱摄影基地等景点。月色荷塘区以明朝古迹“宝泉映月”的宝泉塔和宝塔坝战史陈列馆为依托，建成望荷亭、“一步一景”休闲观景亭和宝塔坝文化广场。

有诗云：“菡萏开天别样红，游香十里领清风，羽翎只在宁波渡，不落烟花世俗中”。

“莲花世界”于一日之内而景色各异。清晨，晨光熹微，薄薄的青雾浮起在荷塘之中，像笼着轻纱的梦，似有似无，让人游离于半梦半醒之间。日出东山，望荷亭上，青山与碧荷一色，浮云与白鹤齐飞，动静相宜，“清风徐来荷花娇，贴波不碍画船摇”，此时的荷塘可远观亦可戏玩，游人于此，可追寻泛舟采莲之趣，亦可享垂钓乘凉之乐。夜色降临，倩影斑驳，月儿斜挂宝塔之巅，徜徉于荷田小道，十里荷香，蛙声一片，月色朦胧中，移步换景，步步入画步步诗。

千年古刹金山寺 寻幽上古径，芳草入帘青，佛光招宝刹，香客履苔痕。金山寺是国家 AAA 级旅游景区、四川省重点文物保护单位、川渝地区著名的佛教圣地，享有“西蜀金山”之美誉。

带着一颗虔诚的心慢慢游览，让心灵得到彻底净化，从而忘却尘世间的一切烦恼。金山禅林占地百亩，古柏参天，寺庙依山而建，殿堂雄美，晨钟暮鼓，引人遐思。金山古寺，虽然没有《白蛇传》水漫金山的浪漫故事，却也是四川历史悠久的古刹之一。朱德、刘伯承、吴佩孚、修竹大师等近代名人都到过这里，留下了不少珍贵墨宝。

飞云温泉 被称为“中国第一医疗温泉”，位于宝石湖西侧，开江县城东 5 公里的飞云山上，距达万高速讲治互通 2.5 公里。温泉四周山峦起伏，绿树环绕，风景优美，东紧靠宝石湖，西与佛教圣地金山寺等景区遥相呼应。具有流量大、水温高、水质优等特点，富含钙、镁、锂、锶、氟、氢等多种微量元素，出水口温度 48~52℃，命名为含偏硅酸、偏硼酸、氟、锶低温医疗热矿水，具有极高的药疗作用。长期沐浴该温泉能治疗湿疹、皮炎、牛皮癣、风湿关节炎、慢性支气管炎、腹泻、结石，并对肝硬化、心脏病等有一定的疗效，更有美容、保健等奇特功效，有“人间仙汤”之美誉。目前，温泉规划面积 56.55 公顷，东起目前的飞云温泉，西到店子坝（小学），北至宝石湖，南至开任公路。总体布局为“1211”，即一园、二区、一谷、一湖，“一园”指“四季花香”特色农业创意体验园，“二区”指“巴山秋池”景区入口接待服务区、“神汤碧水”养生区，“一谷”指“云山乐谷”森林游憩康体运动区，“一湖”指“星湖雅漾”生态涵养湖泊观光区。

暮色荷塘

宝石湖之云山碧湾

宝石湖之湖水共长天一色

美食

这里山美、水美，食更美。宝石湖食之美，美在色香味俱全。景区特色美食有获得农产品地理标志产品的任市板鸭和达州脆李，有连续两次被中央电视台科教频道《味道》栏目报道的宝石桥水库有机鱼和甘棠镇朱家老字号豆笋，有纳入达州市重点非物质文化遗产名录的开江名小吃——羊肉格格，还有人们喜爱的生爆羊肚、仔姜鸭、酸辣土鸡、豆笋回锅肉、状元全肘、周记羊肉格格、家常豆腐、宝石湖番茄鱼头、丰收鱼米香、腊肉爆鳝鱼等开江“十大名菜”。

住宿

开江温泉旅游综合开发项目分温泉度假中心、民居风情苑区、生态农业观光区、休闲娱乐区四大工程体系，占地2000亩。飞云温泉景区占地100余亩，累计投资1.5亿多元，集疗养、冬泳、会议和度假于一体。目前，建有四星级飞云宾馆，分设餐饮部、客房部、沐浴部、美发保健部、娱乐部、会议部、康疗中心；还建有垂钓鱼池、停车场、果园等；配套开发了蒙古包，主推烤全羊、“一羊十吃”、羊肉格格等羊肉系列美食项目。年接待游客30万人次。

交通

景区位于川渝结合部，开江县内距宝石湖水利风景区约22公里，20分钟左右车程；距离重庆市285公里，约3.5小时车程；距离成都市496公里；距离西安市501公里，约5小时车程。境内达万高速联通达陕高速、达渝高速、巴达高速等，紧邻达万高速公路讲治出口，距达万铁路开江火车站20公里，距达州机场76公里，距达州火车站79公里，距三峡万州港80公里，交通便利。

百岛湖夕照

竹海绿水——百岛湖国家水利风景区

大竹百岛湖水利风景区位于大竹县城东北部，距县城4公里，景区规划面积70平方公里，主要以湖泊、森林、竹海、温泉、岛屿“五大特色”为主，所依托的水利工程为乌木滩水库。乌木滩水库是大竹县城及周边场镇30余万人民群众重要的饮用水源地，水质优良。

乌木滩水库因库区岛屿众多而得“百岛”之名，故又称百岛湖。乌木滩水库是川东第一大人工湖泊。据传，清乾隆年间，当地乡民御洪抗旱，在七子滩和清溪水交汇处的滩口拦河筑坝，清基时，发现滩底有一棵长泡水中木质已经变黑的三人方能合围的柳树，故名乌木滩。乌木滩水库是一座集城镇供水、农田灌溉、防洪抗旱、发电等综合效益为一体的中型水利工程，水库建成于1960年3月，坝高20.8米，坝顶长130米，坝顶宽5.5米，总库容为5310万立方米。在2013年8月“美丽四川 水秀蜀乡”最美人工湖评选活动中，百岛湖以其得天独厚的自然风光和悠久的历史文化，荣获“四川最美人工湖”十佳称号。百岛湖生态环境优美，水利风景资源丰富，景区内大坝竣工纪念塔、关兴寨、望夫石、亲水平台、健身梯步、情人岛、龟岛、小火电厂遗址、原始松树林、温泉小镇、7306兵工厂遗迹、牛角寨等景点错落有致。最具代表性的五峰山国家森林公园和海明湖温泉度假村已完成配套设施建设，并对外开放。

百岛湖水利风景区既有“今人难见古时月”的神秘，也有“春来江水绿如蓝”的盎然。岸边的石崖上有三国时期关兴屯粮的关兴寨（又称关圣寨），有蜀国大将王平的坟茔，还有起源于明朝末年栩栩如生的摩崖石刻。

库区风景

◆ 周边景区

五峰山国家森林公园 国家AAAA级旅游景区，总面积达876公顷，属亚热带湿润气候，年平均气温12.5℃，四季分明，雨量充沛，冬暖夏凉。景区以竹为主题，竹类品种达30余个，主要景观为遮天蔽日、苍翠挺拔的楠竹景观。在川东地区的自然景区中，以竹林规模大、竹品种多、森林植物多样、自然生态环境优良而闻名，素有“川东竹海”之称。山中多竹，四季皆绿，畅游其间，如若置身于天然氧吧，竹之清香，迎面扑来，令人神清气爽，是集生态旅游、休闲度假、餐饮美食于一体的旅游胜地。

海明湖温泉度假村 位于百岛湖水利风景区西侧，项目整体规划占地9800亩，其中海明湖温泉水世界总面积近5000平方米（包括风格各异的各类泡池、水上芭蕾舞台、跳水台、滑道等）。温泉日平均流量超1.12万立方米，温泉水温达52℃。温泉酒店依山傍水、景色怡人，其东南亚式的建筑风格让人仿佛置身于乡村庄园风格的竹艺轩，舒适惬意中尽显风雅韵味。

美食

百岛湖水利风景区的特色美食有东汉醪糟、观音豆腐干、瑜竹豆腐干、手撕鸭、唐鸭子、芝麻薄脆饼、腌腊制品等。

住宿

和悦庄乡村温泉酒店，即海明湖温泉酒店。

交通

百岛湖水利风景区距重庆市160公里，距达州市60公里，距达渝、南大梁高速公路大竹出口仅4公里，有柳木路交通专线直达景区。您可以选择以下方式到达百岛湖水利风景区：

（1）大巴：重庆市、达州市游客可以通过达渝高速公路到达大竹县城，成都游客可以通过沪蓉高速绕行至南大梁高速到达大竹县城，从大竹县城乘坐柳木路专线可直达景区。

（2）机场：可到达州河市机场、重庆江北机场（建议首选）或者成都双流机场，再乘坐大巴到达景区。

（3）动车：建议乘车至达州火车站或者重庆火车站，再乘坐大巴到达景区。

全民水库大坝

小平故里——白云湖国家水利风景区

白云湖水利风景区位于四川省川渝合作示范区广安协兴生态文化旅游园区，依托全民水库而建，属水库型水利风景区。景区规划面积42.88平方公里，其中水域面积7.33平方公里。景区现为国家级水利风景区。

全民水库属渠江一级支流西溪河上游，始建于1959年，坝高31米，坝顶长178.6米，总库容9052万立方米，是一座以防洪、灌溉为主，兼有发电、养殖、航运、旅游等综合效益的水利工程，捍卫着水库下游100万人民群众的生命财产安全和广安城区的安全，灌溉下游14.3万亩耕地，是四川省20世纪60年代基础建设标志性水利工程，也是广安市最大的水利工程。

整个景区以白云湖为核心，以西溪河为纽带，以白云湖自然风光、西溪河峡谷景观、“亚洲第一宽瀑”湟龙峡瀑布为特色，以山岳丛林、动植物景观为基础，以景区水文化、红色文化、田园文化、古镇文化、民俗文化为背景，融生态旅游、红色旅游、休闲度假、科普教育为一体。葫芦岛、尹家大岩洞、龙洞、仙女洞天然成趣，万春桥、白云寺、牛尾寨、五块石风光无限。景区自然风光灵动秀丽，众多岛屿错落有致，一岛一色，一湾一景，与优美的湖岸线形成了一幅赏心悦目的山水画。

西溪河美景

整个景区规划为四区，即白云湖水利展示区、西溪河生态游憩区、湟龙峡文化体验区和葫芦岛综合接待区。各功能区既相互独立又有机联系，共同构成一条西溪河绿色生态景观廊道，将白云湖打造为山清水秀、岸绿景美、人水和谐、水文化丰富的精品水利风景区。

湟龙峡瀑布

◆ 周边景区

邓小平故里旅游区 位于四川省广安市广安区协兴镇，面积 3.19 平方公里，是集缅怀纪念、爱国主义教育、古镇文化、社会主义新农村展示、休闲度假于一体的复合型旅游景区。主要景点有邓小平故居、洗砚池、翰林院子、蚕房院子、北山小学堂、清水塘、神道碑、德政坊等近 20 处邓小平童年及青少年时期的活动场所，经中共中央批准修建的邓小平故居陈列馆、邓小平铜像广场、邓小平缅怀馆等纪念设施，展示社会主义新农村建设成就的牌坊新村，展示古镇文化与建筑艺术的协兴古镇等。

美食

景区内西溪河沿岸有许多特色农家乐，能满足游客食宿娱需求。景区紧邻广安城区，城内有众多中餐、火锅、汤锅、小吃等供游客品尝。

住宿

白云湖水利风景区已建成葫芦岛游客接待中心，服务功能完善。金福国际大酒店位于西溪河畔葫芦岛上，距离小平故里接待中心步行 5 分钟，南依市民广场、科技博览馆和小平博物馆，比邻风景秀丽的翠屏公园、湟龙影视城，是以自然生态、旅游度假、商务为主题的酒店。

交通

白云湖水利风景区处于广安市区城郊，距小平故里 1.5 公里，距岳池县城 27 公里，与翠湖连通，枣彭公路直通景区，巴广渝高速公路毗邻而过，拥有便利的交通条件。景区至成都 2.5 小时车程，至武汉、西安、贵阳等地仅 5 小时车程，是川渝合作示范区，基本形成四通八达的“公、轨、水、空”立体交通网络。

邓小平故里

天池湖国家水利风景区

天上瑶池——华蓥山天池湖国家水利风景区

景区位于广安华蓥市，依托天池湖水库工程而建，属于水库型水利风景区。景区面积 84.36 平方公里。

天池湖水库位于华蓥市东北部天池镇境内，属嘉陵江流域渠江清溪河水系。水库水域面积 2.6 平方公里，总库容 5030 万立方米，坝高 35 米，是一座以灌溉、城乡供水为主，兼有防洪、旅游、发电及改善生态环境等综合效益的中型水利工程。

风景区属中亚热带湿润性气候区，气候温和，雨量充沛，库内水质清澈，达到地表水Ⅲ类水质标准；已实施的水系绿化、水土保持、天然林保护、石漠化治理等生态保护项目使得森林覆盖率达 85%；动植物资源丰富，有植物 392 种，动物 350 种。

风景区内景点别致，名目众多，主要包括：混凝土大坝、放水设施、溢洪设施等水利设施，邓家古寨、德星桥、湖畔土碉楼古建筑遗址，“华蓥人”骨化石、“三线军工”国营华光厂文化遗址，观音洞寺、峨风庵等宗教文化圣地，望湖山庄、葡萄山庄、吉利山庄、峨风岭森林农庄等农家山庄，千年“夫妻银杏”、水杉山庄森林公园、大熊猫野化放养基地、孔雀乐园等自然景点，水上公园、水上游乐、船舶码头、休闲垂钓中心等休闲娱乐场所；李子、桃子、葡萄等生态采摘果园以及农贸市场、商品购物中心等。

景区内山、水、岛屿、河流、瀑布、峡谷、石林、溶洞、暗河、生态农庄、古建筑、古文化、宗教文化等景观资源布局合理，花、草、林、果相映成趣，和谐优美，观赏性强。以天池湖水库为中心，以两旁汇水山脊、景观视线山脊为界，自然景观、水工程景观、古建筑景观、民俗景观、宗教景观、餐饮、娱乐、住宿相浸透，高起点、高规格规划。围绕民俗、宗教文化景观和山水动植物景观主题，可建设成集文化娱乐、公共商业、旅游度假、后勤服务、宗教文化、人文景观于一体的多功能水利风景区。

天池湖水库

天池湖水利风景区

◆ 周边景区

石林景区 是华蓥山的核心景区，位于华蓥山最高峰高登山下，景区内有石林、漏斗、洼地、溶洞、湖泊等各种景观，集幽、秀、奇、险于一身。起源于唐代的普贤殿、高登古刹、观音寺和大吉祥平安朝圣寺等，都是朝圣者的圣地。此外，“双枪老太婆”及她带领的华蓥山游击队，就是在这个区域内活动的，至今还留有当年双枪老太婆指挥战斗的指挥洞、打靶场、瞭望台等遗迹。

三线军工旧址华光厂 位于天池湖畔。20 世纪 60 年代中期，为应对风云变幻的国际形势，党和国家作出了开展“三线建设”、建立后方战略基地的重大决策。华光厂为国防建设作出了重要贡献。

峨凤岭森林农庄 正在开发建设的峨凤岭森林农庄位于天池湖东北边峨凤岭，计划投资 3.5 亿元，规划建设面积 1.5 万亩。农庄坚持“用美景装点大地，用文化浸润生活”的经营理念，深度挖掘华蓥山文化，致力开发“五大”养生产业，建设“六大”旅游体验观光园。目前一期开发基本建成，建成后将成为中国驰名、世界知名的“百果绿野，万花海洋，森林山庄，养生殿堂”的山居文化旅游胜地。

天池湖南畔碉楼 位于天池镇伍家坳村，占地面积约 2 亩，碉楼高约 20 米，共 4 层楼。墙体均有黏泥（黏土）、竹篾、糯米等夯筑而成，从第二层起，每层四周均有窗户和朝外射击的垛眼，顶部设瞭望哨用于观望敌情。它对川东地区清朝末年的碉楼及当时的民间防务研究，有着极高的参考价值。

天池古碉楼

美食

景区饮食文化也相当丰富，除著名的“八大碗”外，还有各种肉皮鱼、糍粑、粽子、蕨菜等特色小吃、土特产 20 余种。

住宿

华蓥山大酒店位于华蓥市瓦店乡华蓥山旅游区内，集住宿、餐饮、娱乐、会议、休闲、商务、旅游于一体。

酒店建筑面积 2 万平方米，拥有各类客房及套房共计四百余间（套）。酒店内设中西式餐厅、豪华包间、音乐水吧、大型多功能会议室和各类小型会议室、商务洽谈中心、健身房、茶房等综合服务设施。酒店设施完善，环境幽雅，停车便捷，是休闲养生、避暑度假的绝佳去处。

交通

（1）广安城北车站可乘车至景区，车费 12 元。

（2）华蓥老车站有班车可直达华蓥山石林景区，车费 12 元。

（3）自驾游经广安高速至天池镇收费站出高速。

翠湖水利风景区

川东“西子”——翠湖水利风景区

广安岳池翠湖水利风景区位于川东旅游环线，距小平故居仅20公里，是20世纪70年代依托中型水利工程响水滩水库打造的水利风景区，因响水滩水库水域宽广、山青水绿而得名"翠湖"，并享有"川东西子湖"之美誉。

景区气候温和，植被丰满，以大面积山峦、湖泊、岛屿为特色，融工程景观、山水景观、人文景观、宗教景观、农家风情为一体。景区内最具特点的翠湖八景——玉带长堤、平湖风光、芳园秋色、溢流飞瀑、银凤倒影、龟山揽胜、龙华晚夕照、金城烟云，风景如画，交相辉映。特别是为再现南宋爱国诗人陆游经过岳池赋诗《岳池农家》的田园风光而打造的农家文化旅游环线景象纯朴明快、生态浓郁、人文厚重，与库区水景相融相渗，让景区呈现出"水澈天地同，山绿人水和"的优美景象。

翠湖水利风景区

景区景观众多，浑然天成。工程景观：景区依托的响水滩水库主体工程规模大，建筑艺术效果明显，玉带长堤、溢流飞瀑是点睛之作。水文景观：响水滩水库水面达4000亩，湖面流线变化多样，库区全岛半岛众多，山水相连，湿地成片。地文景观：景区地形多变、群山起伏、沟壑纵横，美感神韵尽显其间。天象景观：雾凇、朝霞、夕照、云海四季交相可见。其中最有特色的长堤赏月、龙华夕照、金城烟云常年适游。生物景观：景区自然生态物种多、体量大、珍稀度高，乔木、灌木、藤本植物多达160多种，库区绿化率达81%。库区野生动物、鱼类与植物和谐相生，自成一家。宗教景观：景区内的观音岩、千佛寺、龙华庙享誉省内外，红瓦青墙、卷檐斗拱、四季清幽，特别是千佛寺的1250尊临崖金佛，在岁月沧桑中更显夺目佛光。

翠湖水利风景区

景区内尚有诸葛亮耕坝亭、野人洞、玉凤山、放翁楼、东汉岩墓群、斑竹山、植物园、竹茅群、坤无寺、万仞山等有较高开发价值的景点。当地政府已规划依托成都1小时经济圈、重庆1小时经济圈、广安1刻钟经济圈的地域优势和中国曲艺之乡、佛教文化圣地、农耕文化发源地等文化优势，划界42.6平方公里，围绕民俗文化和山水动植物两大主题，按一心一环四区（游客管理中心，生态旅游环线，佛教文化观光区、农耕生态体验区、水上休闲娱乐区、曲艺文化风情区）将翠湖水利风景区建设成集历史文化、水上休闲、民俗风情、宗教文化为一体的原生态精品水利风景区。

翠湖水利风景区

◆ 周边景区

川东旅游环线上旅游胜地众多，宝鼎风光、天池秀色、溶洞奇观、石林盆景吸引中外游客。

邓小平故里 2001 年 7 月 3 日，国务院将邓小平故里列为全国重点文物保护单位。

华蓥山 昔日著名的华蓥山游击队的主要活动区域，集雄、险、幽、奇、秀于一身，融历史、自然、人文景观为一体，已打造成为著名的风景旅游胜地和红色教育基地。

万春桥瀑布 位于渠江东岸，以瀑布为主景，以山石植被为背景，气势磅礴，四季不绝。

金城山森林公园 地处岳池、高坪、蓬安三县（区）交界处，海拔 824.6 米。临空俯瞰金城山国家森林公园，如一条蛟龙横卧在嘉陵江畔。金城山是道教中天下七十二福地之一，有“金城天下奇”之说，更有“道教仙境长门赋，洞天福地凤求凰”之美誉。

美食

景区距岳池县城仅 7 公里，而岳池县是川东地区特色美食非常出名的县城。翠湖土鸡、岳池米粉、顾县豆腐干、邓家盐皮蛋、鼎锅面、醉仙牛肉、黄龙贡米、西板豆豉等，一路道来让人心驰神往。岳池米粉一条街的上联“岳池好、好岳池、岳池米粉越吃越好吃”至今无人对上，成了好对、难对、绝对。

住宿

距景区仅 7 公里的岳池县城有五星级的天羿大酒店、豪庭假日大酒店。位于景区的翠湖假日酒店是一家四星级宾馆，可同时容纳 350 人入住，酒店绿树成荫、环境优雅、功能齐全，是商务、会议、团体旅游的理想下榻之处。景区内几家农家客栈风味多样、整洁安全，让游客有家的感觉。

交通

景区周边有 318 国道、南（充）—前（锋）路、仪（陇）—北（碚）路、嘉陵江、渠江、兰—渝铁路、成都—上海高速公路、广（安）—南（充）高速公路穿越县境内，县城公交可直达景区。

火车：从成都东站至岳池火车站，再乘 2 路公交转 7 路公交到达景区。

飞机：从江北机场至岳池火车站，再乘 2 路公交转 7 路公交到达景区；

从广安机场乘 501 路公交至岳池，再乘 7 路公交到达景区；

从南充机场乘动车至岳池火车站，再乘 2 路公交转 7 路公交到达景区。

自驾游：岳池高速路出口到花园镇，经花响路到达景区。

公交：在岳池县城乘坐 7 路公交直达景区。

华蓥山天意谷石门瀑布群

别有洞天——天意谷水利风景区

华蓥山天意谷水利风景区是全国罕见的喀斯特地貌地质奇观风景区，景区内沟壑纵横、植被绝佳、涌泉飞瀑成群，地质遗迹独特丰富。有因地壳运动形成的全长10余公里的大峡谷，峡谷内有涌泉飞瀑200余处，其中拂尘瀑、洗心池、千丈瀑布、三天神灵洞、天然大佛、洞中天河、黄金洞等景点最为壮观。具有科考旅游价值的地质遗迹点百余处，形成若干地貌奇观，如天生桥、溶洞、溶穴、落水洞、洼地、漏斗、石林、象形山石、干谷等。景观景点和地质遗迹品质在川东仅有，全国罕见。

根据《华蓥山大峡谷旅游区总体规划》，旅游区总体布局为“一个中心、四条旅游线、六个主要景区”。

“一个中心”为瓦房子游客接待服务中心，“四条旅游线”为旅游区大外环线、旅游区小内环线、旅游区中内环线、旅游区大内环线，“六个主要景区”为序景区（景区入口）、大峡谷景区、佛洞天河景区、徒步生态探险区、卢家岩景区、“世外桃源”景区。

易园集团结合景区实际情况，对景区分段分区进行开发，目前开发建设面积约10平方公里，主要集中在景区瓦房子游客接待中心到天心洞一段，完成建筑面积约2万平方米，其中景区内面积约3000平方米。开发了拂尘瀑、潜龙洞、洗心池、忘忧坪、现龙峡、三龙吐水、天龙探海、神龙灌顶、三界洞、千丈瀑布、地缝峡、黄金洞、天母神鹰、科普崖、三天神灵洞、天然大佛、洞中天河等核心景点，对这些已经开发的核心景点均设置有专人进行景点维护，对有开发价值目前暂未开发的景点定期进行巡查，很好地保护了旅游资源。

景区根据各处自然景观情况及特点进行建设。游步道以青石板路面、碎石防滑路面为主，原生态山石路面为辅，目前共完成景区内游步道建设约6公里，其中：纯青石板游步道路面总长1公里，青石板镶钉游步道总长2公里，青石板镶边碎石防滑步道总长1公里，碎石防滑游步道总长2公里。建设仿生态栏杆约4公里。完成景区外部华邻路到景区入口公路约1公里、华邻路至碑家桥公路约3.5公里的建设。

洞中天水

天意谷千丈瀑布

巴王头盔

天意谷秋色

周边景区

华蓥山天池湖水利风景区、峨凤岭森林农庄、华蓥山游击队遗址。

美食

景区内外瓦房子、穿心洞建有多家特色农家乐，能满足游客食宿娱的需求。

住宿

夏天气候适宜还可以避暑。同时，景区紧邻邻水城区，城内有众多星级酒店以及经济型宾馆，还有众多中餐、火锅、汤锅、小吃等，都能够满足游客需求。

交通

景区距重庆市区85公里、江北机场50公里，地处重庆市1小时经济圈内，在达渝高速与包茂高速的交汇处，成都、遂宁、南充、广安、达州均有高速公路可达景区。

山高水长

太极湖国家水利风景区

天造地设——太极湖国家水利风景区

武胜县太极湖国家水利风景区地处武胜县礼安镇，依托东西关水电站工程而建，属于自然河湖型水利风景区。嘉陵江挟秦陇风雪一路奔腾，入武胜县境，沿东关沱、西关沱，左环右绕，盘曲而成阴阳太极图形；修建东西关电站，拦河筑坝，蓄水成湖，旅游胜景太极湖由此而成。

景区面积 50 平方公里，其中水域面积 40 平方公里。景区内有嘉陵江武河曲带，河曲颈长 38.8 公里，河曲振幅带 3.0~7.8 公里，河曲带波长 4.8 公里，弯曲系数 2.99。其弯曲程度仅次于美国雪兰多河和科特迪瓦白帮大马河，排名世界第三、中国第一，形成了独特的嘉陵江人居空间河曲文化特质。

近年来，武胜县科学地编制了景区开发建设规划，加强景区管理，有序开发建设景区，已建成太极文化广场、太极岛森林公园等旅游设施，具备游客接待能力。太极湖之特点全在于水：一是水面辽阔，烟波浩渺，碧水连天；二是水质清净，明洁可人，极少污染。此外，两岸景点林立：十里松林，青黛蓊郁；石锤石鼓，传说动人；汉初古城遗迹，锁定一段历史；湖面沙燕闹春，引来万般风情；巍巍大坝犹如长龙卧波，人造船闸恰似鬼斧神工；狮子山，太极岛，云蒸霞蔚；神童峰，逼真传神。

太极湖国家水利风景区

◆ 周边景区

◤国家AAAA级旅游景区宝箴塞风景区 综合传统民居建筑要领，集国外城堡、闽南团城和中国古代城楼、碉堡和传统四合院的建筑精髓于一体，防御、民居珠联璧合，城郭合围婉美世界，是中国古军事文化经典之作，被国家文物局古建筑专家罗哲文誉为"全国罕有，蜀中一绝"。

◤国家AAAA级旅游景区武胜白坪—飞龙乡村旅游度假区 打造出柑橘博览园、特色飞行基地、荷塘月色、竹丝画帘展馆、红岩英雄文化陈列馆、旅游一条街、教育综合实践基地等景点，是一处集生态田园、美丽乡村、快乐农家于一体的休闲度假、观光体验、文化创意旅游胜地。此外，景区距小平故里40公里，距罗瑞卿、张澜、《三国志》作者陈寿故里南充40公里，距合川钓鱼城60公里，距北温泉、缙云山风景区100公里，距遂宁灵泉寺、广德寺100公里。

美食

说到美食，武胜人总是自豪不已，这里不仅能品尝到众多接地气的正宗四川美食，而且有众多特色美食，例如：麻哥面、猪肝面、豆花饭、三巴汤、渣渣鱼、火锅、干锅、烧腊、羊肉汤、串串香……透过字面仿佛就能闻到一股辣爽滋味，令人直流口水。

住宿

安泰•印山假日酒店是集餐饮、客房、娱乐、会议、旅游于一体的四星级酒店，酒店坐落于武胜县望江街，右邻武胜印山公园，背靠嘉陵江，依山环水，环境优雅，鸟语花香。酒店有能同时容纳500人用餐的餐厅。

地址：武胜县沿口镇临江街2号；电话：0826-6680088。

交通

（1）自驾：从武胜县城出发，经304省道、212国道到达礼安镇（40~50分钟）。

（2）公交：从武胜县汽车站乘车直达礼安镇（60分钟）；

（3）火车：从武胜县火车站乘车到万善汽车站，再乘车前往礼安镇（30~40分钟）。

太极湖国家水利风景区

新路海

格萨尔王故里——色曲河水利风景区

这里是康巴文化的发祥地，格萨尔王的故里，南派藏医的起源地德格。康巴文化在这里衍生繁荣，格萨尔王的传说从这里远播四方。德格县地处四川、西藏、青海三省结合部，位于青藏高原的东南缘，四川省甘孜藏族自治州西北部，金沙江东岸，东邻甘孜县，南连白玉县，西与西藏江达县隔金沙江相望，北与石渠县接壤，是西进西藏、北入青海的重要交通枢纽。

甘孜州色曲河防洪治理工程整治河道27公里，共8段，该项目实施后基础设施建设得到升级、防洪保障能力得到加强、生态环境得到改善、德格对外整体形象得到提高、特色旅游吸引力倍增，社会影响、政治影响积极，德格县在藏区的特殊地位得到进一步加强。

自从岭•格萨尔王建立岭国后，德格在藏区的宗教、文化地位日益突出，并逐步发展成了前藏和康巴地区的文化中心，以及康巴文化的发源地和三大藏文化中心之一。德格县城目前有代表藏族人民辉煌文化的德格印经院、藏医院、更庆寺、汤甲经堂、森周达泽宗等藏传佛教圣地，是重要的藏族历史文化遗迹，是藏族地区的宗教活动圣地，有“藏族文化古城”的美称，是历史文化名城，属藏区最有影响的地区之一。

德格县水生态环境优越，地表水水质受人为活动影响较小，水质良好。动植物资源丰富，野生树木有川西云杉、粗皮云杉、紫果云杉、冷杉、柏木、山麻柳、家柳、桦木、山柏杨等；药用植物有蓝花侧金盏、大黄、贝母、虫草等中藏药野生植物药材500余种；野生动物有哺乳类、鸟类、两栖类、爬行类等共170余种。游客在蓝天、雪峰、碧水映照下仿佛走进了圣洁的天堂。

西天瑶池新路海

◆ 周边景区

德格印经院 拥有超过 21 万块木刻印版，几个世纪以来制作了许多重要的藏族文化印刷品。1996 年被国务院列为全国重点文物保护单位。

雀儿山 巍峨壮丽，山峰直插云霄，山峰与山谷错落有致，动植物资源丰富。

玉隆拉措 （即新路海）位于德格县玉隆乡，湖面 3.3 平方公里，蓄水 1.02 亿立方米，是我国最大的冰川终碛堰塞湖，1995 年建立了新路海白唇鹿自然保护区。新路海融现代冰川、原始森林、野生动植物和人文景观为一体，自然风光、珍禽异兽、奇花异草聚集一地。周围生态原始、完整，晶莹的大型冰川从海拔 5000 米的粒雪盆直泻湖滨草原，极为壮观，是旅游观光的好去处。

多瀑沟 位于绵延不尽的生态大峡谷之间，满眼苍翠欲滴的林海灌丛使人迷醉，点缀其间的杜鹃、桃梅馥郁飘香。

一线天 地段河谷两岸悬崖峭壁，高耸入云，崖与崖相距不过数十米。抬头仰望，只见广阔的天空在这里只剩下一条蜿蜒曲折的蓝色带子，故而得名“一线天”。

一线天景区

美食

来到雪域名城德格，那一定要品尝原汁原味的藏餐。青稞酒、酥油茶、松茸烧藏鸡、手掌参炖藏鸡、虫草炖鸭、青岗菌烧藏香猪、荞麦烧饼、手抓牛肉、土制血肠、土巴（藏式腊八粥）、风干牦牛肉、酸奶、奶茶等都具有极高的营养价值。

住宿

可以选择城市化的酒店，也可以选择当地藏式民居。

交通

公路：德格公路是出行的主要方式。

飞机：格萨尔机场已于 2019 年 9 月正式通航，游客也可以直接“飞”到德格。

德格印经院

硗碛湖水利风景区

夹金山下——
硗碛湖水利风景区

硗碛湖水利风景区

宝兴硗碛湖水利风景区位于雅安市宝兴县硗碛乡，距宝兴县城54公里，气候温和，湖水终年清澈明净，周边是雪域山岭，野生动植物资源丰富。景区所在的硗碛藏族乡是川西旅游环线自驾游的黄金通道，自然风光与人文景观并存。

景区核心硗碛水库，是宝兴河流域梯级滚动开发“一库八级”的可调节性水库，水库海拔2140米，南北长3000米，东西长7000米。

硗碛湖湖水清澈，风光秀丽，四季景色各有千秋。景区由水库库区及泥巴沟、咔日沟、蚂蝗沟、柳落沟四条沟组成，因从天空俯瞰整个湖面犹如一颗蓝色五星，有“五星湖”之称。

景区内群山屹立，草甸、森林、溪流、飞瀑、冰川、藏家掩映其间，秀美怡人；谷深坡峭，千岩竞秀；周边雪峰环列，极为壮丽。

景区海拔2002~3858米，气候垂直差异明显，随着时令、阴晴的变化交替，时而云蒸雾罩，时而云雾缥缈，时而云海夕照，光影变幻，变幻莫测。

景区森林覆盖率在74%以上，植被垂直带谱明显，生物景观资源十分丰富。春有新绿初上，夏则苍翠蓊郁，秋季红叶满山，冬来玉树琼花。云杉、冷杉、高山柏、高山松等乔木和杜鹃、黄背栎、高山柳、忍冬等灌木组成森林景观，林内古木参天，冠若翠云，绿意葱葱，生机勃勃；铁杉、红桦、云杉、杜鹃、箭竹等组成针阔混交林景观，季相变化显著，是许多珍稀动物的栖息地。

景区内动物资源十分丰富，大熊猫、扭角羚、白唇鹿、白臀鹿、川金丝猴、雪豹、小熊猫、斑羚、岩羊、红腹角雉等珍稀保护动物自由栖息其中，是动物摄影爱好者的乐园。

硗碛乡是距离成都最近、雅安市宝兴县唯一的藏族乡，这里生活着嘉绒藏族，无论人物外形还是村寨、服饰、餐饮、语言、文化、歌舞、节庆、礼仪、宗教等都自有特色。

嘉绒藏族拥有独特的民俗节庆，上九节、抬菩萨节、转山节，每逢节庆，必载歌载舞，具有浓郁而独特的民族风情。

硗碛湖水利风景区

硗碛湖水利风景区

◆ 周边景区

◤锅庄楼 硗碛乡的锅庄楼依山向阳而建，造型美观，别具一格。

◤和平藏寨 位于硗碛乡夹拉村，是具有很强藏族特色的传统村落，已被成功列入第一批中国传统村落名录。

◤永寿寺 是修建在景区内龙神岗山上的喇嘛庙，飞檐凌空、金顶生辉、琉璃赭瓦，是硗碛藏族人民开展宗教活动的重要场所。

◤夹金山国家森林公园 硗碛湖隶属于夹金山国家森林公园。“长征万里险，最忆夹金山”。夹金山是红军长征中翻越的第一座大雪山，是红一方面军与红四方面军胜利会师的地方，具有极高的历史人文价值。泽根村内保留着毛泽东、朱德长征旧居。

◤神木垒 景区以森林、雪山、溪流、高山草甸、高山钙化流池为主体景观。

◤蜂桶寨自然保护区 蜂桶寨国家级自然保护区是世界上第一只大熊猫的发现地和模式标本产地。

◤东拉山大峡谷 集典型的峡谷地貌和雪山草原等自然生态景观于一体，为川西峡谷地貌自然生态景观的代表性景区。

美食

宝兴县动植物资源丰富，美食独具特色，雅鱼、香猪腿、东拉山老腊肉、盐菜回锅肉、野生菌面、锅圈馍馍、烘洋芋、干菜炖腊肉、辣膀鸡等，可以让人大饱口福。

住宿

硗碛藏族乡场镇内有多家风格独特的宾馆和旅店，服务设施齐全。宝兴县城离景区只有1小时车程，在旅游旺季也能为景区分解住宿压力。

交通

公交：从雅安北二路旅游车站或西门车站乘坐大巴车到达宝兴车站，站内有直达硗碛乡的大巴和面包车。行程约2小时。

自驾：从雅安经318国道至飞仙关进入351国道，到达硗碛乡。

毛泽东、朱德长征旧居

飞仙湖国家水利风景区

川藏关隘——飞仙湖国家水利风景区

飞仙湖国家水利风景区

飞仙湖国家水利风景区位于四川盆地西缘，雅安市西北部，在雅安市芦山县飞仙关镇和天全县南天新镇（多功乡）内，处于川藏交通大动脉的318国道线上，依托飞仙关电站水库而建，属于水库型水利风景区。

飞仙关电站坝长186米，最大坝高40.5米，景区面积9.6平方公里，其中水域面积1.75平方公里。飞仙湖经由宝兴河流入，宝兴河、天全河分别从北和西南向飞仙峡涌来，在横亘的螺山脚下，汇成青衣江。

飞仙湖西侧为南天新镇和农业生态科技园，东侧为飞仙关南场镇和北场镇，已建有滨湖栈道，步游系统及基础设施相对较为完善。飞仙湖以整条带状绿地、湿地景观和飞仙湖为自然背景，绿地与游赏、交通、景观、休憩、运动、餐饮等功能结合，旅游资源丰富。

景区以飞仙湖景观为实体核心，修建有滨湖栈道、文化广场、农业观光园等，湖岸种植有睡莲、芦苇、垂柳、花卉等各类植物。雨后的飞仙湖，烟雾笼罩，空灵朦胧，因其生态环境优良，引来了不少珍稀水鸟。2018年1月，观鸟爱好者记录到有3只长尾鸭在飞仙湖活动。这种罕见的冬候鸟，繁殖于北极、阿拉斯加苔原地带，在我国仅河北、山东、江苏、福建等少数省份有所记录，在四川省极为少见。

飞仙关地处芦山、天全、雨城三地交界，藏羌彝文化、蜀文化、茶马古道文化融合发展之地，被誉为川藏线陆地“第一咽喉”。从成都出发到雅安，经飞仙关到天全，至康定，最后到达西藏，飞仙关是西出成都茶马古道上的第一关，其历史厚重，人文璀璨。

◆ 周边景区

◤ 二郎庙景区 景区流传着两个传说。一个是说大禹曾经在此挥动“神斧”，历经八年，疏通河道。唐宋时，此地曾名“神禹漏阁”，并建有祭祀大禹的庙宇。另一个传说是说二郎神担山至此，两山掉落此地，形成今天的峡谷。明朝初时，又建了二郎庙，祭祀大禹、二郎神。如今的二郎庙遗迹为明初所建。二郎庙一直是进出藏区的藏汉群众出行祈福的重要场所，素有“进藏第一香”的美誉。

◤ 狮子山景区 山形如卧狮俯瞰，故名“狮子山”，海拔 715 米，是景区内的最高点，是俯瞰景区的最佳位置。龙脊山生态茶园茶香四溢，竹林葱葱，是夏季避暑休闲、观景娱乐的绝佳去处。

美食

景区地处芦山，美食多种多样，营养而健康。芦山绿菜是藻类植物，胜过江南紫菜，是野肴山珍中的上品；芦山绿壳鸡蛋营养丰富；还有石磨豆腐、金鱼饼、腊肉、叫花排骨、樱桃肉等生态美食。因距离雅安市近，游客还可以品尝到雅安特色美食棒棒鸡、砂锅雅鱼、达达面、贡椒鱼等。

住宿

国盛农庄位于飞仙关加油站对面，与飞仙湖隔路相望，餐饮、住宿一体；福临农家乐位于飞仙关飞仙村，餐饮、住宿一体；感恩农庄位于飞仙关飞仙村，餐饮、住宿一体；亿家宾馆位于三桥广场对面，餐饮、住宿一体。

交通

（1）班车：雅安旅游车站乘坐雅安到芦山或者天全县班车到飞仙关三岔路口。
（2）自驾：成雅高速至雅安市多营高速路口出高速，直行 10 公里，或经成雅高速进入雅康高速至天全多功站。

飞仙湖国家水利风景区

河边花田

茶马古道——陇西河上里古镇国家水利风景区

陇西河上里古镇国家水利风景区位于雅安市雨城区境内，属于自然河湖型水利风景区，距离雅安市区19公里，距离成都约150公里。景区主体依托陇西河及两岸堤防工程而建，包括十里绿堤、上里古镇、白马泉、中里新村、黄龙水库、共和村、庙圻村等核心景区。

十里绿堤是雨城区生态旅游文化融合发展先行示范区水旅结合项目；上里古镇为昔日南方丝绸之路从临邛古道进入雅安的重要驿站，现仍保留着许多明清风貌的吊脚楼式建筑；白马泉是“雨城”雅安的八大风景名胜之一，传说古时泉中有白龙化马，常在月静山空时来泉边饮水，泉水涌动时，如万马奔驰，马蹄声不绝于耳，故名“白马泉”。

陇西河上里古镇国家水利风景区

陇西河上里古镇水利风景区山川秀丽，风光旖旎。这里冬无严寒、夏无酷暑，空气清新，珍稀动植物资源丰富，林草覆盖率达92%，是极好的避暑度假胜地；这里名胜古迹众多，有红军石刻、隋朝舍利塔、唐朝白马泉、清代文峰塔、清代立交桥、清代双节孝牌坊、清九世石牌坊、清代韩家大院、清代二仙桥等景点和文物，既是影视作品的外景地，又可让人探幽寻古；这里有古韵悠悠的民俗风情，更有水利人智慧的结晶和人水和谐的真实写照，是人们探胜拾趣、感受文化的好去处。

陇西河上里古镇国家水利风景区

陇西河上里古镇国家水利风景区

◆ 周边景区

景区周边分布有碧峰峡国家 AAAA 级旅游景区、蒙顶山风景区、邛崃天台山风景区、上里古镇国家 AAAA 级旅游景区。

美食

雅安多雨，雅雨、雅女、雅鱼号称三雅。砂锅雅鱼肉质鲜美，口味极佳；顺河抄手、兰师傅拭拭面、夫妻粉、阴酱鸡、孟获牛肉等雅安特色美食也不容错过。雨城猕猴桃、石棉黄果柑、蒙顶山茶叶、藏茶、汉源坛子肉、汉源花椒等地方特产更是让人驻足不前。

住宿

在景区周边 20 公里范围内有红珠宾馆（四星）、倍特新月宾馆（四星）、雨都饭店（三星）以及数量众多的酒店、商务宾馆和农家乐等高、中、低档住宿场所。

交通

景区交通方便，距离雅安市区 18 公里，可通过 318 国道、108 国道、成雅高速、雅乐高速、雅西高速、雅康高速到雅安市区后前往，也可由 105 省道经邛崃太和进入。

春满尖山

灵秀盐都——尖山国家水利风景区

尖山国家水利风景区

诗歌长廊

尖山国家水利风景区位于“南国灯城”自贡西南部，自流井区荣边镇境内，距自贡市区17公里，占地4300余亩，是国家AAAA级旅游景区、国家级水利风景区、四川省省级森林公园。

尖山湖由东湖和西湖组成，面积389亩，储水量264万立方米。景区形成于1955年建成尖山水库后，其名源于景区内一座巍峨挺拔的山峰，山顶有一圆型巨石，突兀于绝壁之上，欲坠欲飞，蔚为壮观，令人称奇。

景区主要由迎客门、神龟码头、桃缘桥、芬芳桃林、诗歌长廊、红雨亭、水榭亭、月亮湾、水骨涯、听风码头、飞渡索桥、楠林翠苑等景点组成，与原有的林场一道形成了“山清、水澈、林幽”的特点，负氧离子含量高达20000个每立方厘米，成为了天然氧吧，有着“自贡后花园”“城市绿肺”的昵称，被誉为“避暑不让承德，纳凉不让庐山”。“山青青，水蓝蓝，山水相连尖山尖。桃花红，豆花香，尖山三月人忘返。”每年三月桃花节之际，成渝甚至更远地区的人们纷纷慕名而至，游人如织。

◆ 周边景区

荣县大佛景区 距尖山景区43公里，始建于唐代，位于四川省荣县城区大佛街。

荣县吴玉章故居（国家AAAA级旅游景区） 距尖山风景区25公里。

卢德铭故居 距离尖山风景区9.3公里。卢德铭是中共早期的将才，担任秋收起义总指挥。（景区目前正在建设中）

美食

烧烤系列有**烤全羊、烤鸡、烤鸭、烤兔和羊肉汤**。羊肉精选本地黑山羊，鸡、鸭、兔为农家粮食养殖，肉质细嫩，鲜而不膻。烧烤配上本地自制海椒面，香味扑鼻。

麻辣鸡选用林地放养的鸡，肉质韧性强，以特产的山椒、花椒、茶油相佐，色泽红亮鲜艳，味厚香浓，麻辣爽口。

泉水豆花是尖山特色，特色在于蘸碟与浆。特制的浆与豆花合煮，蘸上特制的蘸碟，乃人间美食。

麻辣尖山蘸小鱼是景区特色，本地独有。

住宿

景区距市区仅17公里，住宿非常方便。景区内有天语湖畔休闲庄（星级）、茂祥山庄星级酒店；景区外有园林式民宿、酒店、宾馆；市区内各高、中、低档宾馆、酒店齐全。

交通

（1）公交专线1：23路公交车从贡井西客站至尖山水利风景区。

（2）公交专线2：公交车从自贡客运站至尖山水利风景区。

（3）自驾：有已通车的乐自、内宜高速路荣舒路、永荣路可直达景区，即将开通的快速通道将更加方便。

双溪湖夜色

玉章故里——双溪湖国家水利风景区

大佛寺

双溪湖国家水利风景区

双溪湖位于历史悠久的川南名城——荣县城北1公里处，距自贡40公里，距乐山100公里，与闻名全国的荣县大佛隔城相望。双溪因地处东川、洛阳两溪交汇处而得名，是以水利风景为主的人工湖泊。

双溪湖大坝雄伟壮观，湖面开阔，主湖面水域面积2.2平方公里；景区风景秀丽，有东川沟和洛阳溪两大沟汊，曲水蜿蜒，环境清幽。

景区还有丰富的历史人文景观，有自唐宋以来就是名胜的讲教洞、蒙泉和归来亭等；有明代荣州八景和清代荣州十二景之一的“双溪书阁”遗址，北宋文与可、黄庭坚、陆游等对此多有题咏；北面的耸云山上，有南宋十岁民女牟阿回打虎救母的故事；南面望儿山有向氏夫人盼子归来的传说；正源东川沟上存有清咸丰四年所建的石砌四层塔状字库；洛阳溪上的蓝桥坝有蓝桥、放生沱、赵熙诗碑等遗存。

吴玉章故居

◆ 周边景区

◤ 荣县大佛寺 位于四川省荣县城区大佛街。大佛寺始建于唐代，距双溪湖3公里，是世界第二大石刻佛像，也是世界上最大的释迦牟尼石刻佛像，素有“乐山大佛雄，荣县大佛美”之民间赞誉。佛像气势雄伟、神韵飘然，是古代石刻艺术的上乘之作、中国石刻遗存的艺术瑰宝。

◤ 自贡吴玉章故居（国家AAAA级旅游景区） 距双溪湖约15公里，是我国杰出的无产阶级革命家、教育家、历史学家、语言文字学家吴玉章先生的故居。

◤ 荣县桫椤谷 位于荣县城西南48公里的金花乡。桫椤属恐龙时代珍稀植物，被称为“植物活化石”。

美食

羊肉汤和羊肉蒸笼。羊肉精选本地黑山羊，肉质细嫩，鲜美不膻。当地人喜爱用竹笼裹以米粉蒸羊肉，蒸肉爽滑细嫩，配上特别炒制的海椒面，鲜香麻辣。

麻辣鸡选用林地放养的鸡，肉质韧性强，配上本地特产的山椒、花椒、茶油，红油色泽鲜艳，鸡肉味厚香浓。

混浆豆花是荣县特色，特制的浆与豆花合煮，蘸上本地特有的蘸碟，是一道朴素的民间美食。

住宿

景区距县城仅1公里，住宿非常方便。景区内有翠湖大酒店（目前三星级，将改扩建成四星级酒店）；在荣县大佛景区有四星或五星级园林式宾馆；县城内各高、中、低档宾馆、酒店齐全。

交通

景区距自贡30余公里，处在川南旅游热线上；景区距荣县县城仅1公里，有县城到景区的公交车。

（1）公交专线：1路公交车从南门车站至双溪湖风景区。

（2）自驾：有已通车的乐自、内威荣高速路可直达县城，另已开建的成宜高速建成后将更加方便。

安宁河

四季如春——迷易湖水利风景区

迷易湖水利风景区

迷易湖水利风景区位于攀枝花市米易县城区，依托安宁河上城南电站大坝形成的湖面、县城段安宁河两岸堤防工程、慢行绿道、城北闸坝工程等而建，水域面积0.73平方公里，是集水利工程的恢弘气势与生态美景的自然隽秀于一体的城市河湖型水利风景区。

米易古为三皇五帝中的颛顼的诞生之地，素有“颛顼故里·阳光米易”的美称，是一座“城在山中、水在城中、行在绿中、居在园中”的山水园林县城。迷易湖地处米易，属南亚热带干热河谷立体气候，全年无冬，秋春相连，故可“春赏花、夏避暑、秋品果、冬暖阳”。寒冬之际，前往迷易湖，徜徉于湖畔，暖阳在身，品尝佳果，其乐陶陶。

旖旎的安宁河，风光、湿地、景观公园构成了迷易湖最基本的自然景观基础；国家体育总局皮划艇急流回旋竞训基地、滨河公园、龙桥、迷易灯会、迷易龙舟等，又为迷易湖带来最具活力的地域文化底蕴。而米易县城是知名的阳光康养旅游目的地，北国冰封之际，此地满山樱花，美不胜收。

景区夜景

◆ 周边景区

米易县城南湿地公园 属新建市政公园，占地 468 亩。

米易龙潭溶洞风景区 位于米易县宁华乡龙潭沟，距米易县城 20 公里，景区由龙潭溶洞、龙吟峡、天然盆景园、野生植物园、龙肘山顶风光五个景点组成。

美食

除了经典的川菜，米易铜火锅、爬沙虫、攀枝花炒腊肉、撒莲凉粉、彝族坨坨肉等都是不可错过的当地美食。得益于得天独厚的自然条件，米易枇杷、樱桃、雪梨等水果甜蜜多汁，声名远播。

住宿

米易县城接待条件完善，旅社、宾馆、公寓应有尽有，安全卫生。

米易宁泽阳光酒店坐落于景区旁。酒店是集餐饮、住宿、会议、度假、休闲于一体的园林式四星级酒店，环境优美，设施齐全，是四川省煤炭行业规模最大、具有独特自然环境和园林景观的疗养院和尘肺病治疗、康复基地。

安宁明珠大酒店位于米易县城北新区，紧邻景区，地处米易县的政治、经济、文化中心，地理位置优越，交通便利，是米易县第一家豪华星级酒店。酒店设施齐全，装修豪华典雅，融迷易山水风情和现代设计风格为一体，别具一格。

交通

（1）火车：到米易站下车。

（2）自驾：G5 高速直达，从米易站出高速，距景区仅 300 米。

（3）飞机：攀枝花保安营机场或西昌青山机场，再转乘汽车沿 G5 高速可直达。

绿韵张坝

桂圆飘香——张坝国家水利风景区

张坝水利风景区坐落于四川泸州，张坝是“张坝桂圆林”的简称。张坝桂圆林的名称源自“湖广填四川”时期，一张姓人士从湖北黄州孝感入川，引种了第一批桂圆树，因此，这片桂圆林以张姓命名。景区以老鹰岩山体为背景，与宽阔的长江、观音山峰、名优水果、蔬菜基地、花木苗圃一同构成了丰富独特的景观资源，有“泸州绿色客厅”“十里翡翠长廊”之美誉。

张坝桂圆林有两大灌溉水源，龙吟溪河水引自长江江水，龙眼湾引自山泉水。水源不但给桂圆带来良好的生长条件，也使景区风景更为灵动。张坝桂圆林是北回归线上最大最古老的桂圆林，历史悠久。桂圆树王位于景区中部，苍劲雄伟，虬枝卧龙，形如三炷香，被当地百姓称为“三炷香”；树王周边卧座五棵桂圆古树，寓意福、禄、寿、禧、财五福临门。从风水学上讲，“三炷香”中间一枝供奉主位神明，左边一枝供奉上宾及文神神明，右手一枝供奉客位及武神神明，故又云“三枝清香敬众仙”。当地百姓有“居官者龙张锡命，居家者福禄并至”的说法。张氏始祖深谙其道，在桂圆树种植布局上可谓煞费苦心。游客在观光古林的同时，可加深体验感。

张坝国家水利风景区

美食

张坝桂圆林位于泸州城区。泸州自西汉置郡至今已有两千多年的历史，凭两江舟楫之利，泸州自然成为川、滇、黔、渝结合部的物资集散地和川南经济文化中心，其美食不但丝毫不比成都逊色，而且拥有很多独特美食。如张坝桂圆林内一绝**桂圆蛋酥**，由鸡蛋、桂圆肉干及其他配料手工制作而成，颜色金黄，口感绝佳。**月母鸡汤**、**泸州林黄粑**、**白糕**、**豆腐脑**、**古蔺麻辣鸡**等，特色鲜明，味道可口。

住宿

泸州市区有各种类型、价位的酒店，设备完善，具有雄厚的接待实力。

交通

（1）机场大巴：重庆国际机场直达泸州城区。

（2）城市公交：西门 290 路途经张坝景区西门；275 路至张坝景区西门；19 路至张坝风景区；271 路至张坝风景区；161B 路泸州客运中心站至黄舣客运站（途经张坝景区南门）。

（3）自驾：成都成自泸高速经泸州至张坝桂圆林；重庆经泸州至张坝桂圆林。

◆ 周边景区

方山 位于泸州市江阳区境内，乃蜀中名山。汉朝时候有“汉皋”（汉之水边高地）的殊荣；唐朝时候，方山又有了“小终南山”的别称；清朝时候，方山又多了“峨半堂”“小峨眉”的美誉；因其矗立于长江之畔，终年云烟雨雾，在民间得了“云峰”之雅号。

泸州老窖酒厂 可参观传承百年“酒之魂”的泸州老窖酒制作工艺。泸州老窖是中国最古老的四大名酒之一，“浓香鼻祖，酒中泰斗”，其1573国宝窖池群1996年成为行业首家全国重点文物保护单位，其传统酿制技艺2006年又入选首批国家级非物质文化遗产名录，世称“双国宝单位”。

泸州老窖酒厂

张坝国家水利风景区

玉龙湖水利风景区

竹林鸟语——玉龙湖水利风景区

三溪口水库全景

泛舟玉龙湖

玉龙湖全景

玉龙湖位于四川省泸州市泸县立石镇境内，距泸州市中心42公里，因其水色湛蓝如玉，水面宛如一条巨大多脚的龙而得名。

玉龙湖是集防洪、灌溉、水产养殖、旅游于一体的人工湖泊，水库大坝气势宏伟，湖长25公里，湖中岛屿、半岛72个，被誉为“川南第一湖”。

景区面积27平方公里，山脉连绵起伏，远峰如黛，近山苍翠；松柏挺拔，岸柳成荫，花果飘香，景色宜人；湖水清澈透明，山水相映，清幽怡人；湖内岛屿星罗棋布，大小不一，景观不同。其中，竹岛是湖中最大的岛屿，占地十多亩，岛上种植百竹，有慈竹、楠竹、金竹、苦竹等，千姿百态，为玉龙湖添色增彩。

玉龙湖湖面宽阔，河汊纵横，为水鸟生息繁衍营造了一个天然的家园。湖中白鹤以湖为家，岛上筑巢；鹭鸶、老鹳、野鸭等成群结队，湖中捕食；渔人在湖中悠闲荡舟，构成一幅人与野生动物和谐相处的生动图画。

玉龙湖景点众多，旅游资源丰富。湖北的苦荞山峰顶上的普照寺始建于明代，传说建文皇帝在此出家，因此被称为和尚天子殿。到了清朝，艾家在此建普贤寨，寨后修寺，寺名改为普照寺，至今香客不绝。寺中住持普贤大师究佛理、开禅宗、度世人、授真经，为一代得道高僧。湖西有一山寨名为高峰寨，是清朝时期戴家为保家园依山而建，寨子最高处，建了一座寺庙名为元通寺。湖东螺蛳山自然景观美丽，可探究玉龙湖源头。

◆ 周边景区

玉龙湖湖畔有立石古镇的古驿站、米市古街、古庙、古寺、古戏楼、南华宫、二郎井等古建筑，古意盎然，值得参观；又有坐落于泸州的隆庆寨、万寿山等，均是户外活动的好去处；重庆永川境内的重庆野生动物园距离玉龙湖景区仅35公里，可一并前往。

美食

靠山吃山，靠水吃水。玉龙湖山好水好，本地的鱼类及家禽口感极佳。翘壳、胭脂鱼、鲢鱼等，可采用蘸水、油炸、水煮等多种烹饪方式；凉拌、清炖的土鸡、土鸭，让人饱览水光山色之余，又可大饱口福。大餐之外，还有猪儿粑、咸鸭蛋、黄粑、凉糕等本地特色小吃，物美价廉。

住宿

景区内相继建成了玉龙山庄、玉龙湖接待中心、玉龙大酒店、玉龙苑、十二生肖度假村等，设备完善，能够满足各类游客需求。

交通

玉龙湖距成都300公里，距重庆115公里，乘坐高铁到重庆永川换乘更为便捷。泸永高速公路也即将建成通车，距景区仅10公里左右。

清溪谷水利风景区

花田酒庄——清溪谷水利风景区

清溪谷水利风景区

泸州市清溪谷水利风景区位于纳溪区大渡口镇境内，北临长江和308省道，南接宜泸高速公路，东西介于宜宾和泸州之间，距泸州城区22.5公里，水、陆、空立体交通畅通。

大诗人李白所谓“夜发清溪向三峡”，其中的清溪正是景区的母亲河——清溪河。景区属于自然河湖水利风景区，水域长9.3公里，面积30.4平方公里。景区按照“小酒庄+大产业+大文化”的发展思路，整合种植、酿造、储存、养殖、农副产品加工、清洁能源生产、文化旅游等业态，集合了长江上游典型的丹霞地貌、富有诗意的田园湿地、令人迷醉的四季花海、盛名远播的白酒酒庄群落、惊险刺激的丛林漂流。“花海”“酒香”“碧波”在这里汇集，相映成趣。

景区有典型的丹霞峰丛景观，以“奇、险、峻、幽、静、秀”为特点。通过对清溪河实施小流域水土流失治理、水资源保护等工程，初步形成了森林、河流、湿地等多类型的生态系统，汇聚了冰岛虞美人、紫罗兰等上百种国内外珍稀花卉，拥有银杏、桢楠、红豆杉、柠檬桉树等80多种名贵树木，以及白鹭、松鼠、竹鸡等20多种野生动物，生物多样性明显增加。

景区将自然景观与川南民俗文化（班打狮子、船工号子、滚板山歌、牛牛灯）、酒文化和水文化有机结合，打造了水利文化展示区；在清溪谷沿岸，贯穿“以水为主”的主题，打造了集康体娱乐、生态观光、休闲度假、商务会议、婚纱摄影等多功能于一体的滨水生态休闲度假区。游客在此，可以真正邻水戏水，望得见山，看得见水，解得了乡愁。

清溪谷水利风景区

清溪谷水利风景区

◆ 周边景区

清溪谷水利风景区境内山峦叠嶂，植被茂密，溪流众多，水系发达，塘、库、渠、沟壑纵横交错，景色优美。景区与国家AAAA级旅游景区凤凰湖湿地公园、天仙洞、烟子洞瀑布、森林公园、鼓楼山、山画山、护国岩等自然和人文景观一同构成了和谐的风景生态圈。

美食

泸州老窖闻名中外，纳溪白糕、纳溪泡糖、纳溪护国陈醋、纳溪特早茶、纳溪凤羽茶、纳溪柚子、纳溪枇杷等不容错失。

住宿

凤凰湖宾馆、泸州纳溪宾馆、纳溪区金燕宾馆。

交通

景区所在地大渡口镇，距成都250公里，距重庆105公里。宜泸渝高速公路马庙互通站连接线距城镇仅8公里。

继光水库

英雄故里——继光湖水利风景区

继光湖风景区所在的中江，为蜀中丘区大县，其历史悠久，源远流长。宋代文同《梓州中江县新堤记》说：“县为江所环，因名之。”中江在北宋大中祥符五年(1012年)改名至今，以江名县。

这个山峦起伏、沟壑纵横、塘堰星罗棋布的农业大县，林木葱茏、江流清碧、云气氤氲。自古就有圣泉文石、宝城瑞魁、三台续脉、万柳逵龙、西江夜调、红崖晓映、棲妙飞霞、宁车响壁八大名胜，南、北两塔，寿宁寺，玄武观等景观，再加广福等处的古迹，引得文人雅士歌之咏之。寻了古迹去赏古诗，吟着古诗去瞻古迹，水光山色，交相辉映，水缓江阔，渔舟唱晚，令人沉醉。

继光水库因纪念特级战斗英雄黄继光而得名，是都江堰人民渠七期工程的一个骨干囤蓄水工程，总库容为9936万立方米，占地跨5个乡镇，水库长21公里，有岔沟岔湾58条，蓄水最深43米、最浅35米。

继光湖内58条岔沟岔湾和半岛星罗棋布，岛与岛相连，滨水而生，聚散有致。半岛纵横间，峰峦成障，山岚水色，流光溢彩。“树色烟轻重，湖光风动摇。”湖面开阔处碧波万顷，清悠悠的像起皱的绸子；狭窄处河港交错，相映成趣；沿库一带峰峦绵亘，峰转景移；中段遍山苍松翠柏，农舍幽静，田园气息浓厚。

◆ 周边景区

黄继光故居 1952年，在那一场被历史永久铭记的“上甘岭”战役中，年仅21岁的黄继光用年轻的生命为部队开辟了胜利前进的道路。为纪念这位特级战斗英雄，中江县“继光水库”特意以他的名字命名。

“青山埋忠魂，碧水书英名”。英雄故里，青松苍翠。继光湖畔的继光故居是一处著名的红色旅游地，占地50余亩，是省级党性教育基地和国防教育基地。故居内浮雕、实物、图片、组画展示出黄继光烈士的生平和英雄事迹，飞机、坦克、大炮展现了祖国综合实力的强大。

芍药谷 继光湖西北边的集凤石垭子村中国芍药谷，用“绿萼着红装，芍药掩芳容，相谑戏花影，尽在不言中”来形容一点都不为过。每年芍药花开的季节，繁花似锦，绚烂夺目。

西眉山 芍药谷以南数里有中江县第二高峰西眉山，山脚下便是西眉湖。山水如其名，如西子之俏眼妙眉，水是眼波横，山是眉峰聚，眉眼盈盈处，青山层叠，碧波涟漪。此处可观云海、看日出，夏季凉爽，谓避暑圣地。

仓山古镇 继光湖以南20余公里便是有“小川西”之称的仓山古镇。明清古建筑分布于小镇四处，有禹王宫、帝主庙、城隍庙等，古香古色。仓山大乐、木偶川剧、仓山茶韵、太婆龙灯等仓山镇的特色文化展现着原汁原味的仓山古韵和千年文化积淀的精髓。

美食

中江县美食众多，有享誉海内外的中江挂面、CCTV美食节目专访过的八宝油料、永安镇的中江蜜柚。继光镇本地还有富有特色的继光红三品——红公鸡、红辣椒、红高粱（酒）。五湖四海的朋友都可以在这里享受到“舌尖上的中江”。

住宿

继光水库库首已落成三处建筑：一处为疗养中心，一处为娱乐场所，一处为狩猎场所。库尾罗桂公路旁已修建一处古典式建筑，可供游人餐饮娱乐。

交通

您可以按以下路线自驾抵达中江继光湖水利风景区：

从成都市出发，至继光水库，约2小时车程；

从德阳市出发，至继光水库，约1小时30分钟车程；

从绵阳市出发，至继光水库，约2小时车程。

继光湖水利风景区

继光湖水利风景区

继光湖水利风景区

圣莲岛

心灵度假——观音湖国家水利风景区

圣莲岛全景

水天一色

观音湖水利风景区位于遂宁市船山区，东邻南充，西连成都，南接重庆，北靠绵阳。观音湖处于船山区河西老城与河东新城之间，涪江之中，其上游以达成铁路为界，下游以过军渡水利枢纽工程为界。

景区是全国罕见的城市河湖型与湿地型并存的水利风景区，总面积22.6平方公里，其中水域面积11.2平方公里，包含席吴二洲生态湿地公园、五彩缤纷生态湿地公园、圣莲岛世界荷花博览园、圣平岛、圣鹭岛、过军渡水利枢纽工程、灵泉寺、仁里古镇等部分。景区群山蜿蜒，湖清水碧、景色秀美。

漫步湖畔，飞鸟翔集，树木丛生。芦苇、节节草、芭茅、睡莲、荷花等常见的湿地植物遍布其中，小白鹭、绿头鸭、小鸊鷉、琵嘴鸭等湿地动物徜徉其间，各种鱼类遨游水中，丰富的植被，多样的种群，珍稀的物种，赋予了景区独特的生物景观。日落之际，湖畔观景，颇有“落霞与孤鹜齐飞，秋水共长天一色”的景象。

船山区位于新华夏系第三沉降带——四川沉降褶皱带之川中褶皱带内，构造以褶皱为主，构造形迹为东西

世界荷花博览园

向，褶皱宽阔平缓，并表现为排列有序的鼻状背斜及箕状向斜。景区的山、地、滩、岛屿等地形地貌特征典型，观赏性强。

景区人文景观丰富，有灵泉寺、灵泉古道场、玉皇观、土地庙、泰山石敢当等历史遗迹。景区文化科普教育意义重大，临仙阁、艺术商品街、荷塘上院禅意酒店、观音广场、圣莲广场、祈福广场、仁里古镇、观音文化艺术馆、心经广场、水文化科普馆等风格独特。

◆ 周边景区

广德寺 距遂宁城区西 1.5 公里，川中佛教圣地，唐开元以来著名古刹。

中国死海旅游度假区 位于遂宁市大英县，抽取地下古盐湖水形成，类似于中东死海而得名。

陈子昂读书台 位于遂宁市射洪县，是唐代诗人陈子昂青年时期读书的地方。

美食

仁里—灵泉片区设置有古镇特色美食、佛教养生美食、遂宁地方美食三类餐饮设施，满足大众游客、宗教信徒、商务宴请等不同需求。在历史上，遂宁素有“东川巨邑”“川中重镇”“小成都”之称，其饮食丰富，特色鲜明。凉粉，顾名思义，本是清凉的食物。遂宁人别出心裁，改良红薯凉粉，热水煮熟，更糯更香，出锅加上剁青椒、碎花生等调料，将凉粉的香辣发挥到了极致。

还有土名为“冲”的小吃，薄薄的面皮加上辣椒、芥末等涂匀，放入切成丝的素菜，卷好，倒入醋（有甜酸两种口味），放进嘴里，芥末的味道在嘴里、脑门、肚子散开，痛并快乐，因此也叫“伤心春卷”。

住宿

遂宁市区位优势明显，城市建设良好，城内各种档次和价位的酒店众多，接待能力强。

交通

遂宁处于成渝绵 1 小时经济圈，是成渝旅游带上的重要节点城市。船山区已初步建成“七向二十一线”铁路大动脉，“一环九线”高速公路大通道 90 分钟经济圈覆盖成、渝两大城市在内的 37 座城市，交通区位优势绝佳，飞机、动车、公路交通都极为发达。

琼江源国家水利风景区

琼江水长——琼江源国家水利风景区

景区位于遂宁市安居区，由跑马滩水库、麻子滩水库以及下游部分河道组成。跑马滩水库不仅风光秀美，而且人文底蕴丰厚，有卧佛院佛教文化摩崖石刻群和卧佛沟藏经洞。唐代卧佛雕刻精美，全身左侧卧姿，长23米，是世界上最早最完整的全身卧佛像，与乐山大佛齐名，为世界上三大佛像之一，属国家重点文物；库区两侧山坡有躲兵崖、古皇坟、风动石、石栈道等，佛、人、山、水相融。

沿陡坡前行，九截龙山清晰可见，山由连绵起伏的九座小山组成，山形绵长，山势灵动，状如游龙，人们称之为“九截龙”。唐朝的皇坟位于九截龙龙身，为古代陵墓群。皇坟气势磅礴，结构类似现在三室一厅或两室一厅的房居，里面石头宽大坚固，雕琢光滑，是现代人凭力气无法建造、无法模拟的。

琼江源水利风景区另一重要组成部分——麻子滩水库位于琼江流域的白马河上游，因滩上有无数的孔隙似人脸上的“麻子”而得名。正常水位水面12000亩，有10余处四面环水的独岛。小岛自然天成，倒映湖中，天水一色。

麻子滩风光旖旎。风平浪静时，湖水一片静谧；微风轻拂时，波纹涌动；阳光灿烂时，如鱼鳞般的波光在湖中闪耀，金碧辉煌；舟船划过时，波光粼粼中涌动着欢快和轻盈。

水库两边，现代农家乐林立，在青山绿水间，品尝鱼虾美味，人与自然和谐相处，可全身心贴近渗透，感觉分外酣畅淋漓。

◆ 周边景区

平宁原始森林 位于安居区白马镇，长约5000米。峡谷内古木参天，草木葱龙，怪石嶙峋，溪流潺潺，一年四季气候温和，宜于野游。

毗卢寺 始建于宋代，扩建于明代。相传毗卢寺乃西天如来佛座下清烈古佛投胎转世出家修行之地，清烈古佛法号“清心大师”，外号“癫师爷”，也就是家喻户晓的济公和尚。千年古刹，钟声飘扬，梵音回荡，涤荡人心。

灵泉寺 位于遂宁城东泉山，山间有一泉，色碧味甘，终年不溢不涸，名曰“灵泉”。据载，苏东坡曾于石壁题书“七泉”，现已不存。灵泉寺始建于隋代，明弘治三年（公元1490年）重建，其香火兴盛，被誉为灵泉圣境、西方圣境，几与南海普陀山齐名。现为川中佛教活动中心和旅游胜地。每年农历二月十九、六月十九、九月十九分别是观音菩萨的生日、出家日和得道日，四方信徒云集，热闹非凡。

美食

跑马滩砣砣鱼是川中地区的名菜，烹制方式独特。过去的打鱼人常年在外，为了防止生肉变臭、腐烂，把肉和干菜一起放在坛子里。腌制好的坛子肉加配料，与鱼一起烧制，这就是砣砣鱼。

住宿

景区距离遂宁不远，市区酒店众多，设施完善。

交通

景区位于遂宁市西40公里，处成都和遂宁之间，距遂内高速公路出口9公里，目前有高等级公路与遂宁和乐至县相连。景区入口紧靠318国道，交通十分方便。

跑马滩水库

琼江源国家水利风景区

杜鹃池春景

神秘峨边——大小杜鹃池国家水利风景区

峨边县大小杜鹃池水利风景区位于峨边县哈曲和勒乌两个彝族乡境内，属国家级水利风景区，是国家AAAA级旅游景区黑竹沟的核心组成部分。

大小杜鹃池水利风景区以大、小杜鹃池为依托，辐射四周120平方公里的原生态保护性开发区域。区域内景观层次多样，既有种类多样、海拔高差带状分布明显的原始森林，又有难得一见的高山草甸；既有静谧迷人的高山湖泊，又有色彩绚丽的杜鹃花海。

大小杜鹃池为高山海子，如两颗璀璨的明珠，镶嵌在巴溪沟上部海拔2400~2600米的高山之巅，湖水碧蓝如玉，湖有游鱼，杜鹃花环绕四周，湖周绿草如茵，野羊成群。蓝天、白云、雪峰倒映湖中，湖光一色。

山地气候景观：海拔2000米以下的沟谷地带，繁花绿草，生机盎然。杜鹃花盛开时节，花开由下而上；红叶绽放时节，则由上而下变化，构成了随海拔升高而季节不同的山地气候景色。冬季，海拔2200米以上的山峦积雪厚度达1~2米，雪凇、雾凇、冰挂、冰凌等千姿百态；草甸和杜鹃池摇身一变，成为滑雪、溜冰的理想场地。

水景观：景区内有大大小小的奇瀑深潭数十处，中心沟源出杜鹃池，水流在崇山峻岭、密林深谷中奔腾咆哮，形如雪涛奔涌，声如万马奔腾，形成极为壮观的动态水景观。

河流沿岸瀑布众多，每隔几百米便从密林中窜出一

大小杜鹃池国家水利风景区

条白练似的瀑布。其瀑布高约20米，因受河床中的巨石所阻，呈川字形，又名川字形瀑布；在杜鹃池西北方向和西南方向的莽莽森林中，四股泉水奔涌而下，在古冰斗边缘的冰坎上跌岩而落，形成高度达百米的瀑布景观。

景区内暗河密布，且靠近地表。漫步林间，只闻水声，不见水流，别有一番趣味，故称为“神涛林”。

溶洞景观：景区内溶洞密布，有的洞壁垂直而下，有的洞壁穿山而入；有的洞穴深不可测，有的洞穴喷出汹涌的水流。这些溶岩洞穴为猎奇探秘者提供了难得的场所。

动物景观：景区丰富的植物资源和复杂的地理环

大小杜鹃池国家水利风景区

境，为野生动物提供了繁衍栖息的环境。景区现有陆生脊椎动物 350 余种，其中不乏大熊猫等国家珍稀保护动物。此外，景区内还有相当多体态优美、色彩艳丽、鸣声婉悦、极具观赏价值的鸟类资源。

人文景观：景区所处的勒乌乡是民族歌舞之乡。每年的 7 月 8 日是彝族传统的“火把节”，当地男女老幼会燃起篝火，载歌载舞，欢庆节日。此外，彝族人民还有独特的饮食、居住、婚丧、服饰、待客以及庆典仪式等，值得深入体验。

春天的杜鹃池

◆ 周边景区

马里冷觉 位于黑竹沟沟口东南方向，是彝语音译，意思是铺满鲜花的草地。景区是一块天然沼泽地，也是一处高山湿地。海拔在 1950~2100 米，面积为 2000 余亩，享有“高山平原”的美称。马里冷觉有参天的古树，有布满青苔的腐木，有清澈的溪水，有高山杜鹃、珙桐花以及各种野花按季开放，有地道的彝族小屋。

黑竹沟国家森林公园 位于峨边县境内，横跨县境内的黑竹沟镇、哈曲乡及勒乌乡，具有“一山分四季，十里不同天；山顶戴雪帽，山脚百花鲜”的气象景观。

黑竹沟旅游资源丰富，除溪河纵横外，还有冰川湖泊、高山海子、喀斯特湖、温泉等。沟内拥有 19 种我国稀有或特有的珍贵植物，海拔 1600~2700 米处，遍布有着“世界鸽子树”美称的珙桐。沟内的杜鹃花为世界之冠，种类达四十多种，其中有两种为我国新发现的品种。

黑竹沟的石门关景区是一条面积约 20 平方公里的原始峡谷地林带，曾发生过多次人畜入沟离奇失踪事件。旧时有“进了石门关，不见人生还”，今有“石门关石门关，迷雾暗河伴深潭，獐猴至此愁攀援，英雄难过这一关”的民谚，被誉为“中国的百慕大”。

美食

黑竹沟竹笋取材于海拔 1800 米的山区，鲜、香、脆、嫩。黑竹沟野山菌和老腊肉特色鲜明。

住宿

黑竹沟沟口有迷都大酒店可以提供食宿，黑竹沟温泉山庄相当于四星级宾馆。

交通

景区位于以成都为中心的成都—乐山—峨眉山旅游环线上，距峨眉山国家风景名胜区 110 公里，距乐山大佛 140 公里。由于景区还未开发，进入景区最好驾乘越野车，自备餐食，过夜则自备帐篷、睡具。进入林区须管好火种。

桫椤湖国家水利风景区

东方侏罗纪——
桫椤湖国家水利风景区

桫椤湖位于四川犍为县西部同兴乡境内，距离乐山大佛65公里，是犍为黄金旅游环线上的重要一环。

桫椤湖原本是马边河的一段水域，坛灌窑水电站建成之后，这里成为一个漂亮的人工湖，湖边和相近山沟间生长着7000万年前就已在此落户的桫椤树20余万株，湖光山色，绿树摇曳，因此，人们赋予了它一个美丽动人的名字——桫椤湖。

桫椤湖湖面平静开阔，乘船漫游其间，一路有翠竹长廊，有桫椤翩翩，有田园农舍，美不胜收，令人流连忘返。沿湖两岸，奇石古树如雕塑、似盆景，千亩翠竹屏障数十万株桫椤，其中有“母子同株”“仙人指路”“四头桫椤”“九米千年桫椤”等奇特景观。

桫椤湖峡谷中，瀑布、山泉、山花、翠竹令人目不暇接。陡峭的岩壁上布满天然洞窟，古树遮天，是山鹰栖息的好住所，曾有上千只山鹰栖息在这里。每当傍晚时分，鹰啼不息，哀转深谷，别有一番感觉。

在桫椤湖入口不远处，靠小市村方向1500米处的山顶上，天然松林延绵2000米。进入林间，林下光洁，微风拂去，松涛阵阵，松香飘逸。

桫椤湖第一湾又称蒙子湾，地形险峻，湾急滩险，堪称天险。一侧的山嘴称黎家嘴，像一头高大威猛的雄狮，蹲伏在马边河畔，迫使河道在这里不得不转个急弯。

美食

除了经典的川菜，独具地方特色的钵钵鸡清爽麻辣，实乃消夏佳品。用竹签串上肉类、蔬菜，在沸腾的火锅中涮烫的麻辣烫，以其麻辣鲜香的市井味道引来了《舌尖上的中国（第三季）》的关注。另外，犍为薄饼、蒸肉饼子、豆腐脑、蛋烘糕、活脱粉、烧烤、凉面、金丝牛肉等小吃，更是让人流连忘返。

住宿

推荐犍为县城内住宿，交通方便。

交通

桫椤湖第一湾区的可进入性好，交通线路布局合理、通行便利，区外交通依靠213国道。游客可自驾游或在县城乘坐旅游线路班车前往。

桫椤湖国家水利风景区

桫椤湖国家水利风景区

◆ 周边景区

桥墩子沟 蒙古后裔隐居地在桫椤湖畔的桥墩子沟。沟口北侧有成吉思汗后裔余朝位夫妇的墓地，墓葬于嘉庆元年（公元1796年）。他们是铁木真家族后裔改余姓的祖先。传说500多年前，铁木真子女九子十进士因故逃出皇宫，在泸州风锦桥头插柳为证、各自逃生。铁木真的子女改余姓后，隐居深山。现在在桫椤湖畔，这支余姓已发展到一千余人。几年前，有内蒙古的族人组团来此寻亲联欢。

吊嘴岩·窄巷子 此地岩上叫吊嘴坝，岩下叫窄巷子，是国民党要员宋希濂兵败落马的地方。1949年，国民党宋希濂部王牌军在这里土崩瓦解。宋希濂在解放军的穷追猛打之下向西北逃窜，在峨边县被生擒。

人字峡·干鱼腔 山沟由两条溪水汇合而成，如同大大的人字，所以人称"人字峡"。这是湖边第一条桫椤峡谷，生长桫椤一万余株，沟内悬崖、古树、桫椤和瀑布形成漂亮的风景。当地流传有"干鱼腔，锅闶锅，金子银子驳船拖"的说法。沟口靠大河处原有两块如同锅状的大石头叠在一起，这就是"锅闶（kang）锅"。左侧原立有一块石碑，碑上密密麻麻刻满了无人认识的文字，当地人传说："哪个要是认完碑文，马边河就有珠宝出现。"

马庙 "杨丹墀他好大胆，坐起飞机去河南。请起人来到四川，打伙把那吊洞办。钢轨儿安来二指宽，四个轮子独儿子转。煤炭在马庙就上船，顺水下河出四川。"马庙是一个依山而建的山乡小镇，镇上皆是吊脚楼和碉楼。马庙的兴旺缘于芭蕉沟出产优质原煤。抗战时期，这里办起了嘉阳煤矿，煤炭挖出来，用人力轨道车推到马庙上船，沿江运到重庆、武汉等地，马庙就成了一个转运码头，热闹非凡。杨丹墀等人的芭马公司总部就坐落在河边山嘴上，与碉堡互为犄角，据险防守。碉堡门楣上至今还有"芭马公司318号"字样。

大瓦山五池中的鱼池与大瓦山全貌

空中花园——大瓦山五池国家水利风景区

大天池全景图

大瓦山五池中的鱼池

大瓦山为桌状山，位于四川省乐山市大渡河金口大峡谷北岸，海拔3236米，其相对高度仅次于世界第一高大桌状山——南美圭亚拉高原的罗奈马山。古生代火山喷发堆积而成的玄武岩、白云岩布满大瓦山的顶部。四周均是悬崖峭壁，仅从北端的滚龙岗，通过木梯连接可以通达山顶，和“自古华山一条路”相比，其险峻陡峭有过之而无不及。

大瓦山如突兀的空中楼阁，又如叠瓦覆于群山之巅，有5个天然的高山冰川湖泊，即大天池、小天池、鱼池、高粱池、干池，故称之为大瓦山五池水利风景区。

五彩天池景观主要由位于海拔2000多米的大天池、小天池、鱼池构成，湖水碧绿，水面开阔，与瓦山、鹿耳坪交相辉映，有蓝天、白云、雪峰掩映其中，山雄水秀，壮观与清隽集于一身。

高粱池、干池是两个宝贵的泥炭沼泽资源景观。泥炭又称草炭、泥炭土、黑土、泥煤，由沼泽植物的残体在多水的厌氧条件下，不能完全分解堆积而成的，是一种无菌、无毒、无公害、无污染、无残留的绿色物质，可

作多种用途。本地泥炭沼泽面积约40公顷，不仅是储量丰富的能源资源，同时也是独特的自然景观。

大瓦山及众多小山是由玄武岩构成顶盖的平顶山。大瓦山在平面上近似一个底边朝西、顶角朝东的等腰三角形，四周危岩嶙峋、绝壁高悬，高差达800~1480米，与峨眉山、瓦屋山遥相呼应。从峨眉山顶望去，大瓦山像一只巨大的诺亚方舟，船舷高耸在云海中，景色奇绝。除大瓦山以外，周边小瓦山、帽壳山、蓑衣岭、老汞山等山峰拔地而起，山形各异，气势雄奇。

景区内谷深纵横，谷地陡峭，跌坎、陡崖层出不穷；谷侧悬崖绝壁，猿越鹰飞；谷底怪石嶙峋，崎岖万变。

山中既有千奇百怪的天然、人工针、阔叶混交林的植物景观，又有珍稀濒危、花型如白鸽的珙桐景观。丰富的植物和复杂的地理环境为野生动物提供了繁衍栖息的生境，众多珍稀濒危的野生动物和极具观赏价值的鸟类，为此地增加了不少野趣。

景区周边是汉族和彝族杂居地。彝族人民能歌善舞，其独特的饮食、居住、婚丧、服饰、待客以及庆典仪式等，都是别有风情的人文景观。

◆ 周边景区

有峨眉山、金口河大峡谷。金口河大峡谷是闻名遐迩的国家地质公园，自然、人文、地质景象一应俱全。

大瓦山五池中的高粱池

美食

乐山美食众多，甜皮鸭、跷脚牛肉、钵钵鸡、麻辣烫、烧麦等，各领风骚，任君选择。

住宿

乐山旅游业发达，市区住宿条件良好。

交通

作为国家旅游名城，乐山交通便利，高铁、高速公路四通八达。

金口河大峡谷国家水利风景区

鬼斧神工——金口河大峡谷国家水利风景区

金口河大峡谷西起乌斯河，东至金口河，地跨四川省乐山市金口河区、雅安市汉源县和凉山州甘洛县。

乐山大渡河金口河大峡谷是“中国最美十大峡谷”之一，属典型的河流侵蚀峡谷地貌，全长26公里，谷宽70~150米，局部小于50米，落差1000~1500米，最大谷深2600米，为长江三峡的一倍，比美国科罗拉多大峡谷还深562米，气势雄伟。峡谷两侧壁立千仞，切割出前震旦系（5亿4千万年以前）峨边群至二叠系峨眉山玄武岩（距今约3亿年）。厚达数千米的完美地质剖面，记录了十多亿年来地质演化的历史。被誉为“地质天书、旷世幽谷”。谷内还有“老苍”“白熊”等人迹罕至的深沟，鸟声伴溪语，卵石叠翠峰，奇景、奇石、奇花形成了“峡谷三奇”。

景区可观水。景区内的大渡河成“S”形流向，水流湍急，惊涛骇浪。在每年的6月、7月，河中洪水滔滔，崖壁飞流直下，挟风雷涌动之声，呈万马奔腾之势，可谓“此水天上来，奔流不复回”。

景区内可观石。镇江塔、坐佛、雄狮、虎啸、镇江神、情人石、弥勒佛像、瓦山坐佛、睡美人等山石景观，奇特象形，栩栩如生。

景区内可探险。大渡河畔凉山裂谷中的老昌沟，两边山壁陡峭，平行相对，沟深达200米，宽仅50米。从沟底仰望天空，好像一条蓝色的绳索，被称为“一线天”。“一线天”峡谷上的桥，是世界上最长的跨度最大的空腹铁路石拱桥。据说当年华罗庚教授在隧道里，一边看着工人们钻岩石，一边流眼泪。可见其工程之险，任务之重。

大渡河金口河大峡谷岩壁

大峡谷全貌

◆ 周边景区

大峡谷景区附近，有大瓦山、瓦屋山等风景区。大峡谷腹地，有我国唯一的成昆铁路洞中火车站关村坝火车站；还有全国唯一一座以铁道兵为纪念主题的博物馆——铁道兵博物馆。展馆在建筑形体上采用具有动感的螺旋形形体设计，并在入口处引导弧形墙上插入无数个钢钎，给予初入者巨大的心灵震撼；主展馆在内部空间设计上采用梦境虚幻时空来体现历史的痕迹，参观者进入后就能了解在过去的艰辛岁月中，这些英烈及在世的铁道兵勇士是如何修建成昆铁路的。

美食

金口河大峡谷地靠乐山，乐山跷脚牛肉、麻辣烫、豆腐脑、豆腐宴、甜皮鸭等小吃不胜枚举，引人垂涎三尺。

住宿

游客可选择在乐山市区住宿。

交通

旅客可选择自驾或乘坐大巴前往大峡谷。

（1）大巴：成都游客可在城北客运站乘车直接前往金口河。

（2）自驾：从成都出发，经成乐高速到达乐山后，再从峨眉行至峨边，顺着大渡河而上可到达金口河，继续往上游行驶数公里，即可到达金口河大峡谷。全部车程约 4 小时。

沐源水利风景区

竹乡沐韵——沐源水利风景区

沐源水利风景区

沐源水利风景区紧邻地处四川盆地西南的沐川县城。沐川为中国竹子之乡，马边河、沐溪河贯穿全境，两河环抱，城在水中，水在城中。其境内空气清新、风光秀丽，生态环境得天独厚，有“绿色明珠”之美誉。

景区总面积57.5平方公里，其中核心景区面积15.6平方公里，水域面积2.25平方公里。景区内植被茂密、山清水秀、层峦叠翠，是沐川市民康体健身、文化体验、休闲观景的绝佳场所。2003年，沐川县政府共投资1600万元打造沐溪河上“一坝四闸”水利工程。2号橡胶坝紧邻沐源川大桥，是乐山市境内第一座橡胶坝。坝体中央，红莲巍坐，看尽沐溪河两岸的数年变迁；涛声阵阵，述说这个现代县级城市的灵动与豪迈。川廊水域是景区的核心水域，此处可以见到古色古香的仿古廊桥——沐源川廊，桥头处但见一副大型山水雕刻画，画中三人或坐或站，闲聊于山顶之上、古树之下，似乎评述着夕日沐川的山山水水。沐溪河左岸的丹霞绝壁，还原了历史中的红岩夕照；右岸沐源川广场、沐源川欧城述说着昨日沐川的风韵与今日沐川的辉煌；造型古朴的水上栈道横跨沐溪河。沿着登山游步道登上右侧山顶，可一览沐川县城全景。沐源川广场上石山流水瀑布、沐川八景文化墙、沐川美术艺术馆、千人看台、仿古夕照阁、观景休闲长廊等无一不是沐川之最。此处还是《乌蒙沐歌》的演出地。《乌蒙沐歌》是沐川县立足独具魅力的生态环境和历史文化，推出的全国首个自编自导自演的原生态山水实景剧。该剧以此地水域和山体为背景，借助现代光影科技，将竹乡的生态魅力、历史遗韵、民俗风情展现于山水之间，让游客饱览自然风光之余，也可享受一场视听盛宴。

沐源水利风景区

◆ 周边景区

桃园山居 为沐川新农村综合体项目的标杆项目，有典型的川南新民居，青瓦白墙，飞檐翘角；有圈满篱笆的青青菜园、果园，瓜果飘香；屋舍俨然，鸡犬相闻，有良田美池桑竹之属……

农耕博物馆 馆里藏有千余件农人生产生活相关的用具，默默凝固过去的文明。文化墙上农人劳作的生动画面，以及金色的阳光中小溪上旋转的水车，都活灵活现地表达出乡村以往的劳动场面。

美食

沐川乌骨黑鸡全身片羽黝黑。泛蓝绿色，骨肉内脏均为黑色，举世珍稀，堪称乌骨鸡之冠。其肉质细嫩，药用价值高，在李时珍《本草纲目》中有专门记载，在清代曾作为贡品进京，实乃滋补美容佳品。

沐川甩菜鲜香脆嫩、低盐保健，堪与涪陵榨菜媲美，是居家旅游、休闲佐餐的方便小吃。

沐川自古出产野生猕猴桃，近年来引进新研发的红阳猕猴桃获得成功。红阳猕猴桃又名红心果，肉质细腻，浓郁清甜，有"维C之冠""果中之王"的美名。

沐川老腊肉肥而不腻，口齿留香，沉醇滋润。老腊肉豆花饭风行多年，吸引无数老饕。

住宿

沐川县城接待条件完善，食宿方便。

交通

游客可选择在成都石羊车站乘坐前往沐川的班车；或乘坐高铁前往乐山，在游览乐山大佛之余，乘车前往沐川。

沐源水利风景区

泛舟金沙湖

金沙湖位于被誉为“阆苑仙境”的国家AAAAA级旅游景区阆中古城，地处嘉陵江中上游，河道长56.3公里，气候宜人。

金沙湖水利风景区处于金银台电站至沙溪电站之间，以阆中古城区水域为中心。景区地处川北旅游环线、川陕“三国黄金旅游线”“红色文化旅游线”上，占地面积115平方公里。区内植被茂密，层峦叠嶂，水景动静相宜，与阆中独特的民俗文化——“游百病”组成了一幅人水和谐的优美画卷。

金沙湖水利风景区生态环境优美，有“天然氧吧”之称，是植物繁衍生息的园地。温暖湿润的气候造就了景区丰富的生物资源和以森林为主的生态系统。景区内，乔木、灌木、草木等应有尽有；桃树、杏树、枇杷等数不胜数；野猪、野猫、松鼠等腾跃林间；鲤鱼、鲶鱼、胭脂鱼等水中嬉戏。置身其中，可寻野趣、可探幽境，是人们回归自然、返璞归真的理想乐园。

金沙湖景区内包含灵山、大佛寺、阆中古城、锦屏山、滕王阁、巴巴寺、鱼翅广场、犀牛广场、滨江大道、华胥广场（撒野公园）、滨江美食城、南津古镇等旅游景点。

金沙湖三面江水包城郭、四围山势锁烟霞

景区夜景

美食

阆中美食有“八怪”：张飞牛肉熏黑卖，白糖蒸馍红章盖，男女吃醋不争风，窖压清酒飘四海，春国大米做豆腐，油茶馓子赶早台，凉面套勺热臊子，出炉锅盔夹凉菜。其中最为有名的当数白糖蒸馍、张飞牛肉。除此之外，阆中油馕馍馍、神童子水饺和保宁三绝汤都是不可错过的美食。

住宿

锦元张飞国际酒店、美豪丽致酒店、阆中桃园国际大酒店。

交通

阆中古城地处四川盆地北部，嘉陵江中游，东邻仪陇、巴中，南接南部，西连剑阁，北毗苍溪，距省会成都300公里。景区与南广高速、兰渝铁路、212国道、347国道、嘉陵江航道以及即将启动续建的阆中机场相连相通，交通便捷。可乘飞机至成都双流国际机场、重庆江北国际机场、南充机场或广元机场后到达阆中古城。

◆ 周边景区

著名红色革命老区巴中市距离阆中48公里，拥有光雾山、诺水河、米仓山、恩阳古镇、南龛石窟、红四方面军总指挥部旧址纪念馆、空山国家森林公园等多处景区。

南充市距离阆中市51公里，是三国文化和春节文化的发祥地。三国文化、丝绸文化、红色文化和嘉陵江文化交融生辉，川北大木偶、川北灯戏、川北剪纸、川北皮影等民间杂艺饮誉中外。

剑阁县距离阆中57公里，境内有国家AAAA级旅游景区——剑阁景区，还有迄今为止最古老保存最完好的古代道路交通系统、被誉为“世界第一古道”的翠云廊景区，以及姜维石像、觉苑寺等。

广元距离阆中59公里，境内拥有众多的名胜古迹和游览景点。皇泽寺是女皇武则天的祀庙，千佛崖被誉为“历代石刻艺术陈列馆”，剑门蜀道以广元为中心地带，还有“天下雄关”剑门关、千仞绝壁之上的古栈道遗址等，历史、文化、风景集于一身，引人神往。

陵江晨雾

嘉陵金水——
红岩子湖国家水利风景区

南部红岩子湖国家水利风景区

红岩子湖水利风景区位于四川南部县县城北郊，以红岩子电航枢纽工程为依托，利用嘉陵江截流后形成的宽阔湖面，与周围的灵云山、火峰山、五面山及满福坝“两化”互动示范区、石子岭桂花博览园等，共同构成“五山、一区、一园、一水”的风景轮廓线，是古城阆中旅游线和嘉陵风光旅游沿线上一道靓丽的城市风景。

红岩子电航工程与红岩子广场共同围成的红岩子湖，处嘉陵江沿线，水质上佳。舟行湖上，黛色远山，烟波浩渺。白鹭汀沿岸延伸百余米。

景区属于中亚热带湿润季风气候区，生态环境良好，既有河流、沼泽，又有灌丛和林地，野生畜禽繁多，鱼类资源丰富。

置身景区，一幅风景秀美的山水画映入眼帘：火峰山公园一片翠绿，楼亭庙宇依稀可见，魁星楼古朴典雅；灵云山公园绿树成荫，屹立的电视发射塔揽风抚云；石子岭绿色生态走廊犹如一条青龙仰卧在丛林之中，昂首长啸；桂花博览园90多个品种的桂花树生机勃勃，千年桂花王吸引着八方游客；五面山云蒸霞蔚，钟声悠长，建于明代的沧桑古刹仿佛见证时空；洋溢着现代气息的满福坝“两化”互动示范区百废待兴，观光客徜徉其中，怡然自得。

南部县红岩子湖生态农业

南部红岩子湖国家水利风景区

◆ 周边景区

禹迹山景区 距离县城 20 余公里。古代立佛饱经沧桑、负岩而立，犹如一位巨人指点江山。

升钟湖景区 位于南部县西北，距离县城 65 公里。湖面广阔，岛屿众多，有中国钓鱼城之美誉，而世代相传的非物质文化遗产傩戏、花灯、剪纸、皮影等“川北四绝”，又赋予景区厚重的历史人文内涵。群山环绕的嘉陵江，随山形就地势不断改变着姿态，陪伴南部县城由古老向现代、由原始向文明、由历史向未来的“嬗变”。

美食

南部县小吃众多，有方酥锅盔、金丝鲤鱼、米粉、油茶馓子、川北凉粉、方果挂面、烧麦、升钟酸菜、川北银丝粉等众多美食。

方酥锅盔为小正方形，两面蘸点芝麻，压成方饼，放进平底锅烙硬，再放入锅下烤炉内膛四壁，烘烤至酱红色，香脆可口。携之远行，不脆散，三五天后依然酥香回甜，半月内仍可保持酥香特色。

南部米粉与云南米线完全不同，用冬菜调味，更为柔软细滑。牛肉粉、肥肠粉、三鲜粉、鸡丝粉等，口味任君挑选。

南部烧麦皮薄馅丰、造型美观。烧麦因其皮薄，熟制后皮料浸油呈半透明状，透过皮亦可见其馅而得名。烧麦呈梅花状，味道独特可口，在川北地区享有盛名。

住宿

景区处于南部县城区，能够满足游客吃、住、行、游、购等需求，日接待游客可达 1 万人。

交通

南部县地属南充，交通方便，动车、大巴均可到达。公路路况良好，游客也可自驾前往。

升钟湖国家水利风景区

剑南第一库——
升钟湖国家水利风景区

升钟湖又名升钟水库，位于四川南部县西北部，嘉陵江一级支流西河中游，与剑门蜀道相接。库区横跨南部、阆中、剑阁三县（市），总库容13.39亿立方米，水面最宽处达3000余米，是我国西南地区最大的一座灌溉型水库。其辖区的地形、地貌、地势、动植物种类、森林面积、水域、交通等条件极其优异，在川北地区屈指可数。

景区大坝建筑宏伟壮观；区内森林茂密，处处绿树成荫；湖面碧波荡漾，小岛星罗棋布；湖岸山峦叠翠，峡谷纵横，奇山怪石鳞次栉比；环境幽静，空气清新，无噪声、无污染。

升钟湖自然条件优越，人文底蕴浓厚。它是全国首个钓鱼竞赛训练基地，每年都会举办中国升钟湖钓鱼大赛；南部本土的省级非物质文化遗产——傩戏和店垭花灯，可以让游客充分感受历史悠久的民间文化。景区入口的升水古镇，具有典型的川北民居风格，其中的鱼文化街和民俗文化街，既是游客休闲、购物、食宿的重要场所，又能让游客感受当地的地方特色。

南部升钟湖、世界钓鱼城

升钟湖局部图

◆ 周边景区

保城乡古西水县衙 距今已有400多年历史，保存完好，是升钟湖畔的重要人文景点。

神坝砖塔 1864年兴建，为七层六角形仿木结构浮雕砖塔，有207幅民族气息浓郁的人物、琴剑、书棋等浮雕，雕刻技艺高超，造型精美。

李封观及皇娘坟 皇娘坟为晋惠帝末年起义的李特之妻罗氏的坟墓。李特之子李雄于公元306年称帝，封罗氏为皇太后。1307年，在罗氏墓前的封土上修了一座庙宇，名为丰峰观，又名李封观。

革命纪念地 1932年，中共四川省委和南充中心县委领导了升钟、保城一带的农民武装起义。当地有“铁炉寺升保起义纪念地”“德半县苏维埃”遗址，西河乡的龙尾山红军洞和革命烈士墓群。

香柱山地质奇石公园 地质遗迹异常丰富多样，山异、石奇、水美、林丰，在国内外具有独特、稀有、典型、优美与多样性等特点，是探索中国西南环境演化的自然博物馆，也是研究地质、地貌、气候、动植物等难得的科研基地。

美食

一方水土养育一方人，一方好水也养一湖好鱼。升钟湖坐拥8万余亩烟波浩渺，水清鱼肥，被称为“钓鱼爱好者的天堂”。到升钟湖做客，一定要品尝升钟湖有机鱼。

除了有机鱼，当地还有一道特色菜名曰“卧龙鲊”。将五花猪肉切成大片，配以多种调料，加上大米粉和匀，用竹制蒸笼，分两三次蒸熟。卧龙鲊肥而不腻，干香可口，大的每片有半斤，一大盘端出来，中间还插着一根筷子，筷子一抽，客人们就可以大饱口福了。这是本地农村宴席的一道压轴菜，主人家大不大方、家底厚不厚实就看卧龙鲊的分量了。

住宿

升钟湖景区接待条件完善，核心景区的假日酒店设施齐全、豪华典雅，周边住宿也极为方便。

交通

（1）自驾游路线：成都经成巴高速（义兴站下）、212国道、101省道至大升路升钟湖；南充经212国道、广南高速至升钟湖。

（2）动车：成都东站上车，阆中站下车，然后驱车到升钟湖景区。

（3）大巴：南充城北车站乘坐开往升钟湖的大巴即可到达。

雁坪坝美景

相如故里——
嘉陵第一桑梓国家水利风景区

生态奇观——百牛渡江

嘉陵第一桑梓国家水利风景区位于四川省蓬安县，是四川省重点打造的“新五大旅游区”中“嘉陵江流域生态文化旅游区”的重要组成部分，也是四川省五大文化名人故里之一的司马相如故里。

景区规划建设面积13.4平方公里，总体布局为“一江、一环、五区”。景区主题定位为“中国最浪漫的休闲家园”，辅助主题为“司马相如故里和嘉陵江最后的码头古镇”。景区的整体建筑完好地保存了“川北民居、明清风貌”格局，是一个集观光、休闲、度假、娱乐为一体的复合型旅游区。

景区以蜿蜒秀丽的嘉陵江为轴线。嘉陵江自西向东南，转山绕坝，蜿蜒流过蓬安县境，流经风景区约14公里，是整个流程中最美的一段，具有典型的曲流、浅丘、湿地等奇特地貌。江面时而曲折，时而宽阔，江水清澈碧绿。穿行在江中，田园秀美，如入画中。

景区7000余亩天然湿地，绿草茵茵，白鹭翻飞，野鸭成群，牛鸟和鸣。每年春天的天下第一奇观——百牛渡江，更是令人叹为观止。

除了自然景观，景区还汇集了嘉陵江流域最经典的诗画田园、巴蜀文化独具影响力的发源地、千古浪漫爱情圣地、天地人合一理念的展示台、嘉陵江农耕文明等五大品牌资源，人文云集，尽显风流。

◆ 周边景区

白云山风景区 位于蓬安县东南部，面积51平方公里，其中森林面积达30平方公里，海拔373~827米，常年气温15℃。景区由2沟33峰26弯组成，山沟相连，纵横交错。现开发有白云湖、石龟峰、望苏亭、杨柳湖、美女岩、观音庙等景点，是人们旅游观光、避暑度假、保健疗养、探险寻幽的绝佳去处。

大深南海景区 位于蓬安县济渡乡境内，318国道旁，距县城30余公里。景区占地500亩，有文君岛、南海寺、南海大峡谷、南海瀑布、望夫岩等景点20余处，素有“自然天堂、天然氧吧”之称，是集休闲、度假、避暑、户外运动于一体的理想旅游目的地。

日月二岛

渔舟唱晚

美食

蓬安河舒豆腐成就于河舒镇独特的水质。豆腐质地松软，味道鲜美，入锅任煮不烂，火炕任翻不硬，滑腻舒适，口感极佳，被称为蓬安版“满汉全席”。

蓬州曹氏豆干坊位于原生态的周子古镇新华街，其制作的豆干是曹氏家族的祖传特产，至今已有三百多年历史，1994 年正式注册为“**蓬州曹氏豆干**”，为川北地区的名特小吃之一。

住宿

蓬安现有三星级饭店 2 家，四星和五星标准宾馆各 1 家，有商务酒店和中档宾馆 10 多家，各类小旅馆几十家，日接待能力达上千人。

交通

蓬安已建成的“南—大—梁”高速公路穿境而过，县城周口镇处于203省道和204省道的交叉点上，是连接巴中、仪陇、广安“将帅故里游”线路上的必经节点。

大深南海国家水利风景区

峡谷平湖——大渌南海国家水利风景区

大深南海国家水利风景区（大深沟水库）位于司马相如故里四川蓬安县济渡乡境内，属嘉陵江水系，河舒河上游，距小平故里50公里、朱德故里80公里，318国道穿坝趾而过，交通便捷。

景区属自然生态旅游风景区，水域面积1000余亩，正常水位367.80米。水面宽阔，碧波荡漾，湖周群山环抱，层峦叠翠，以幽、深、秀、奇而著称。湖中有皇冠岛，绿树葱茏，度假别墅造型别致。景区内有南海大峡谷，植被青翠，如水墨丹青，空灵幽静；有修建于康熙、乾隆年间的石拱桥和石平桥，历史悠远，古朴简洁；有南海寺，晨钟暮鼓，香火缭绕。游客于此，可休闲游，也可开展拓展训练。拓展训练的独特创意和方式使游客产生了浓厚的兴趣，同时也给大深南海增添了一道亮丽的风景线。

大深南海国家水利风景区

大深南海国家水利风景区

◆ 周边景区

◤白云山风景区 位于蓬安县东南部，面积 51 平方公里，其中森林面积达 30 平方公里，海拔 373~827 米，常年气温 15℃。景区由 2 沟 33 峰 26 弯组成，山沟相连，纵横交错。现开发有白云湖、石龟峰、望苏亭、杨柳湖、美女岩、观音庙等景点，是人们旅游观光、避暑度假、保健疗养、探险寻幽的绝佳去处。

◤蓬安嘉陵第一桑梓国家水利风景区 体现了相如故里独特的浪漫风情，景观人文兼备，美不胜收。

美食

得益于优良的水质，景区鱼类资源丰富，鱼肉细腻无腥气。本地饮食以鱼宴为特色，主要有太安鱼、豆瓣鲫鱼、水煮鱼、酸菜鱼等；红烧辣子鸡、相如香兔、河舒豆腐等全生态美食也极其美味；小吃主要有姚氏麻花、吴馓子、唐氏米凉粉、曹氏豆干等。游客到此，可大饱口福。

住宿

大深南海风景区有南海宾馆、迎宾楼和度假村，集住宿、餐饮、娱乐、会议于一体。客房 50 余间，可同时容纳 100 余位游客住宿。

交通

（1）景区直通车：有两辆景区直达南充市马市铺车站的专线班车。

（2）动车：乘动车可直达南充或蓬安火车站，再转乘南充至大深南海或蓬安至大深南海的中巴车，在景区门口下车。

（3）自驾车：成南高速南江出口出高速经长乐、兴旺、济渡至大深南海；或南大梁高速河舒出口出高速，经柳滩、罗家至大深南海；或南大梁高速福德出口出高速经新河、罗家至大深南海。

青龙湖国家水利风景区

忠义之邦——青龙湖国家水利风景区

西充县青龙湖国家水利风景区位于西充西北部距县城28公里的青龙乡、双洛乡境内，处于嘉陵江、涪江脊骨地带，四周丘陵环抱。

青龙湖是西充县1967年修建的人工湖，水面面积约2100亩。青龙湖各支沟呈枝状分布，湖岸蜿蜒曲折、港湾交错，如迷宫般独具特色。景区两岸山峦多为圆包山和方山，水依山流，山随水转，形成了“水路九十湾”的特色景观。

景区植物种类繁多，柏木纯林分布在青龙湖两岸丘陵的中上部，群落外貌深绿色，林木稠密，林相整齐且四季常青，是公园内其他景观的背景。针阔混交林与常绿阔叶林、落叶阔叶林的树种构成复杂多变，季相变化丰富多彩，是库区内最美丽的森林景观。景区内茂密的植被和充足的水源也为野生动物的繁衍生息提供了良好的条件，野生动物特别是鸟类种类繁多。野生动物景观以其“可遇而不可求”的特点，成为景区内最诱人的风景。

支沟南岸有果园，冬天脐橙出产之际，果香四溢，沁人心脾。一望无际的稻田则是景区田园风光的典型代表景观。春天，秧苗青翠；夏天，稻花香里说丰年，听取蛙声一片；秋天，稻田如金，与彩林一起织就一幅秋天的童话；冬天，蓄满水的稻田如一面面镜子，熠熠生辉。

不仅如此，西充自古就有“文化县”之称，英杰辈出。汉代有“诳楚存汉”的大将军纪信，三国有“全国之功”的政治家谯周，唐代有佛教第五祖师圭峰何炯，宋代有书写和绘制《妙法莲华经》的何子芝夫妇，明朝有尚书马廷用父子，近代有张澜、鲜英、于江震、“保路运动先锋”罗伦等，赋予西充“忠义之邦”的美名。

美食

主要特产有“国优青三九脐橙”、竹笋、红薯等有机蔬菜水果和“川沱”系列酒。特色小吃有狮子糕、苕凉粉、米豆腐、豆腐干等。

住宿

西充县城酒店众多，设施完善，可满足各类游客的不同需求。

交通

西充临近南充，交通方便，游客可自驾或乘坐火车、大巴等前往。

◆ 周边景区

以蚕华山、贺圣寺、严家大院、金龟石等最为有名。

蚕华山 是青龙湖库区山麓最高峰，据传清代乾隆年间，峨眉山一高僧云游至蚕华山，观其景貌后在此建寺庙，蚕华山借此而成为当地佛教名山。

贺圣寺 位于蚕华山脚，始建于明代成化年间，楼台亭阁，各尽其妙，是一座保留较完整的古寺庙，对研究巴蜀古建筑以及乡土文化价值甚大。

严家大院 位于景区北部的严家沟，是张献忠大西军兵败凤凰山之后，余部左丞相严锡命隐居之所，整个大院五梅花布局，五个天井、五个宅院，院院相通。相传大院从动工到最后完成共用了60年。现保存完好，建筑物上翘角、窗户、门沿的木刻雕花，图案栩栩如生。

金龟石 位于大坝对岸山湾处，因其状似龟而得名。水库建成蓄水后金龟石遂被淹没，仅水位降至正常水位5米以下时方可显露出来，每逢此时，大量游客便蜂拥而至，竞相观看。

青龙湖国家水利风景区

青龙湖国家水利风景区

泸沽湖

女国文化——泸沽湖国家水利风景区

泸沽湖，俗称左所海，摩梭语中，“泸”为山沟，“沽”为里，泸沽湖的意思即山沟里的湖。泸沽湖位于四川省盐源县与云南省宁蒗县交界处，为川滇共辖，四川省占三分之二，湖东为四川省盐源县泸沽湖镇（原左所区），湖西为宁蒗县永宁乡。

泸沽湖是中国第三大深水湖泊，水域面积58.8平方公里，平均水深45米，最深处93米，能见度12米，由4个半岛和1个长岛、14个湖湾、17个沙洲、21个冲积带组成。

泸沽湖是我国最清澈的高原湖泊之一，其水幽蓝如玉，四周青山环抱，云在天，水映山，天水一色，动人心魄；其水岸曲折多弯，岛屿罗列有致，沙滩绵延逶迤，15000亩草海构成的高原湿地世所罕见，生长着37种水生植物，栖息着42种珍禽异鸟，是天然的水生动植物栖息地和罕见的生物大观园。日出日落之际，矗立湖畔，有“山映斜阳天接水，斜阳更在青山外”之感。

泸沽湖的自然和人文景观资源十分丰富，景区内有天象、地貌、水域、生物、风物、建筑、胜迹7个景观资源中类、16个景观小类、65个景点。湖畔世居着古老而神秘的摩梭人。摩梭人的母系大家庭、阿夏走婚、达巴宗教等，是当地保存最为完好的文化遗产。每年农历的7月25日是摩梭人的转山节，也是传说中格姆女神的诞生日。这一天，盛装的摩梭人会带着贡品、佳肴与美酒汇集到格姆女神山下，由喇嘛主持诵经，向女神敬献供品，并往篝火中撒酒、丢鲜花以示祭祀。礼仪后，人们徒步绕格姆山转一周，称为转山；也可绕泸沽湖走，称为转海。

旖旎的自然风光和神秘的摩梭风情，让泸沽湖被誉为“神仙居住的地方”“香格里拉的源头”“母系氏族的家园”。

鸟瞰泸沽湖

女神湾

◆ **周边景区**

四川延边县二滩水电站，云南丽江古镇，西昌邛海。

美食

苏里玛酒是摩梭人待客的饮料酒，清甜爽口不易醉。将做苏里玛的粮食原料加以蒸馏，则成为酒精含量较高的“咣当酒”。民谚曰：“喝酒不醉，走婚没机会。”因此，“咣当酒”又被称为“走婚酒”。**猪膘肉**是摩梭族特有的肉品。猪宰杀后，剔出猪骨与内脏，用香料涂抹，缝合保持整猪完整，压榨成琵琶状，可数年不腐。**猪膘肉**肥而不腻，是摩梭人餐饮的主菜。**泡梨**用泸沽湖独有的酸梨，经霜榨、采摘、清洗后，放入坛中浸泡一周左右时间即可食用。**灌猪腿**是杀猪的时候，将猪腿部的肉皮整体剥下，再灌入加香料的瘦肉及排骨后封口，腊干食用。**酸鱼**用泸沽湖中的鲫鱼，剖腹洗净后晾干，加燕麦面及其他调料调和，装入坛内，以核桃叶封坛，一星期后即可食用。**花花糖**是将玉米或大米、黄豆、荞麦等多种粮食作物炒熟，用青稞、麦芽仔、玉米熬制成的麻糖水浇汁，并搅拌成各种形状后即可食用。**阿里粑粑**用面粉制作成各种形状的粑粑，放入油锅炸熟后食用。**干鱼**是将处理干净的鱼敷上调料，放在火塘上烟熏火烤，烤干后即可食用。**牛头饭**是把石磨碾好的玉米面，用温水调和成黏稠状后，温火煮熟，放至火塘边旋转，烤干后即可食用。

住宿

景区有数量充足、证件齐全、卫生干净的客栈酒店。

交通

可自驾也可选择公共交通，有多条公路可直达景区：西昌至泸沽湖（248公里），攀枝花至泸沽湖（230公里），丽江至泸沽湖（220公里），稻城亚丁至泸沽湖（250公里，毛路），香格里拉至泸沽湖（180公里，建设中）。

缸瑶观海湾

彝乡宝石——
邛海国家水利风景区

西昌邛海对泸轩风光

邛海国家水利风景区位于四川省凉山彝族自治州首府西昌市，是邛海—泸山国家AAAA级旅游景区和邛海国家湿地公园的核心组成部分，是大香格里拉旅游环线上的重要节点。

景区以邛海为中心，集自然风景和人文历史于一身，融休闲度假和观光娱乐功能于一体。邛海是四川独立拥有的第一大天然淡水湖，也是西昌人民的母亲湖，湿地及水域面积34平方公里。

邛海景色四季各异，春日苍山碧野，花红柳绿，碧波荡漾；夏日湖蓝如翠，波光粼粼，彩霞耀眼；秋日天高云淡，秋水天长，彩林绚丽；冬日天净水明，红枫翠柏，午后起风，又如海浪奔涌。美丽的邛海，让马可·波罗大加赞叹，并在其游记《马可·波罗游记》中写道："碧水秀色，草茂鱼丰，珍珠硕大，美不胜收，其气候与恬静远胜地中海，真是东方之珠啊。"

景区日照充足，冬季温暖，为鸟类的栖息创造了优质的生态环境，仅冬候鸟就有26种。冬日暖阳，南来北往的候鸟在此驻足停留，万物在邛海滋养，又为这片山川增添了几分灵气。

邛海景区拥有全球唯一的彝族奴隶社会博物馆和凉山民族文化艺术中心等彝族文化展示与体验场所。火把节、彝族年、彝韵民俗活动每年在此上演，邛海开海节、海河灯会也别具风情，为游客带来视觉与味觉的双重盛宴。

邛海国家水利风景区

邛海国家水利风景区

美食

景区地方菜系丰富，极具民族文化特色。西昌特色菜众多，有西昌火盆烧烤、野山菌、坨坨肉、醉虾、烤鱼等，另有卷粉、烤豆腐、米粉等特色小吃。跳水鸡、巴国长排、玉米烩蟹肉、豆花牛肉、羊肚菌烩豆腐、猕猴桃甜烧白、野菜粑、玉米糕、香菌素菜包九道菜点荣获“中国名菜名点”称号。

住宿

景区周边住宿十分便利，拥有多家国际一流和国内知名酒店管理品牌运营的酒店，还有很多特色民宿和客栈。

交通

景区已建立公路、铁路、航空多层次立体交通网络，乘客可选择飞机、火车、公路等交通方式前往。

◆ 周边景区

在邛海周边 80 公里范围内，有西昌明清古城、礼州古镇、螺髻山、西昌卫星发射基地、黄联土林、灵山寺、雅砻江大峡谷、亚洲第一高坝锦屏电站等景点，集风光、人文、历史、现代科技于一体。

泸山 位于邛海西岸，主峰海拔2317米，于邛海湖盆平原一峰崛起，山形“大体环圆，上狭下广如覆钟”，巍峙厚重，耸翠凝碧，是西昌城郊的绿色屏障。泸山幽秘，古木参天，树大林深。山中钟磬声悠扬，诵经声隐约，拒市声尘嚣于天外。从山脚到山顶，隐藏着从汉唐至民国无数的神秘处所、亭台楼阁、庙宇寺观，各种传说引人探寻。

安哈彝寨仙人洞 位于西昌市安哈镇，距西昌市 35 公里。游客前往，可享受“明月松间照、清泉石上流”的自驾露营乐趣，也可感受彝族原生态民俗风情。“螺髻洞天”仙人洞被誉为蜀西南第一奇洞，洞内钟乳石、暗河、深潭等景观琳琅满目、千姿百态，集深、幽、奇、险于一体。

安宁湖水利风景区

嫦娥奔月——
安宁湖水利风景区

安宁湖水利风景区（大桥水库）位于四川省凉山州冕宁县大桥镇境内，距冕宁县城16公里，距西昌卫星发射基地85公里，处于安宁河水系之中。安宁河谷为古若水区域，高阳氏之墟，是黄帝之子昌意降居若水、昌意之子颛顼高阳氏降生之墟，也是嫦娥奔月神话传说的一个重要发生地。

安宁湖水利工程是凉山州最大的水利工程，以灌溉和工业、城镇生活供水为主，结合发电，兼顾防洪、环境保护、水产养殖、旅游等功能，具有显著的综合效益。除工程景观外，安宁湖水利风景区风景资源丰富多样、特色鲜明；区域气候温和、四季宜人、冬暖春早、降雨充沛、日照充足。

景区四面环山，河湖、雪山、草原、平原齐聚。湖水空明，植被丰富，秋季层林尽染，分外妖娆。泛船于湖上，湖光山色如画廊，让人心旷神怡。

在景区森林内，栖息着黑鹳、灰鹤、鸳鸯、秋莎鸭、斑嘴鸭、野鸭等珍稀候鸟。每年5月，大约有几百只黑鹳迁徙来安宁湖，可供观鸟爱好者一饱眼福。

景区亦不乏历史文化资源。彝家儿女世代在此繁衍生息，红军领袖刘伯承和彝族头人小叶丹结盟的故事久久传颂。

大桥水库库尾湿地

安宁湖水利风景区

安宁湖水利风景区

美食

得益于生态良好的自然环境，安宁湖生态鱼、安宁湖生态鸡肉质鲜美，久负盛名，与其他生态农副产品和独具特色的彝族美食一起，成为安宁湖的又一张名片。

住宿

景区内现有部分个体经营的小型饭店，具备一定的食宿接待能力。距安宁湖景区16公里的冕宁县城具有良好的住宿接待条件。

交通

景区距冕宁县16公里，距雅西高速冕宁出口19公里，距西昌青山机场80公里，距成都市350公里。目前经雅西高速彝海站至安宁湖景区的省道公路升级改建工程已开工建设，工程建成后将形成冕宁县城→安宁湖→彝海→灵山寺→冕宁县城的“湖光山水、红色文化、民族宗教”旅游环线。

◆ 周边景区

2012年，安宁湖被列入彝海风景名胜区。彝海省级风景名胜区包括彝海、灵山寺、安宁湖三个组成部分。

彝海 又称鱼海，呈元宝形，属高山淡水湖泊，湖面海拔2280米，气候温凉，四季多丽日晴空，终年碧波荡漾、清澈如镜。四周青松苍翠，芳草盖地，杜鹃花、丁香花、山茶花等争奇斗艳。湖面野鸭成群，凫游戏水。

灵山寺 始建于清代乾隆年间。据说，天下寺庙的韦陀都是站立姿势，唯有灵山寺的韦陀是坐像，因为灵山寺本来清净，不需要劳烦韦陀虎视眈眈地站着护法。

灵山寺附近的连三海，是三个保存完好的第四世纪冰川冰斗地貌群所构成的冰川湖泊群。三个湖泊形态各异，湖水清澈，天光云影。其中一湖，有冰川通向湖心，湖面一分为二，颇似太极图。连三海附近山峰终年积雪，绝壁之上有稀疏的云杉和丛生的杜鹃。海水远观为黑色，近看清澈见底、海天一色。

此外，灵山寺香火鼎盛，古迹众多。在灵山寺右1公里的岩壑之中，有天然巨石座，呈八卦形，顶面平整，传说是杨祖师“坐化圆寂”的禅石。还有火炭堡藏文石刻、本波教石碑等。

中国西昌卫星发射中心景区 南距安宁湖85公里。

仙人湖水利风景区

云崖水暖——仙人湖水利风景区

红军长征安全渡过金沙江，到达四川会理县，毛主席诗《长征》“金沙水拍云崖暖”指的就是会理。会理仙人湖水利风景区位于四川省凉山州会理县外北乡境内，距会理县城7.5公里，水域面积1.16平方公里，依托红旗水库水利工程而建，属于水库型水利风景区。

景区海拔约1900米，冬暖夏凉，日照充足，气候宜人。仙人湖湖水清澈，碧波荡漾；湖边有白鹳、白鹭、野鸭等水禽栖息，或在湖面上空展翅翱翔，或在湖岸树梢随意嬉戏；远山林木葱茏，常年晴空万里，有天高云淡之感。游客前往，春可看山花烂漫，夏可避酷暑纳凉，秋可观红叶彩林，冬可得灿烂暖阳。

仙人湖西北5里处有仙人洞，载入清代州志。洞高约3米，宽约4米，深不可测，现能通行的深度约300米。洞中有泉，长流不竭，清冽爽口。湖心有仙人岛因湖得名。

景区的铁厂村，现存古村落两个，为典型的川西民居，具有浓厚的地方特色，是体验川西文化、川西民风民俗的不二选择。与大城市的喧嚣烦扰相比，乡间的静谧恬淡，实在是现代人治疗都市病、放松身心的桃源。

也许是地缘因素，会理的现代化进程似乎赶不上其他大城市，却因此保留了古韵。对于那些在城市里已经被人们渐渐淡忘的传统节日，如清明、端午、中秋、重阳等，在这里被以一种近乎虔诚的态度来筹备。如端午节，当地的农民和彝族群众会在节前上山采挖沙参、仙茅、透骨草、牛蒡根、牛口刺等宜于炖食和洗浴的中草药，供给端午节吃药膳、洗药浴的人。节前的会理县城药香满街，人如潮涌，形成极有特色的端阳节药市。

不仅如此，会理还是红色文化教育、传承、体验的重要基地。1935年中国工农红军长征过会理时，曾在湖区的铁厂村（已淹没）召开了中央政治局扩大会议。每逢节假日，常有学校师生、干部、工人及游人到此瞻仰。

仙人湖水利风景区

水库全景

◆ 周边景区

会理古城 因为气候舒适，会理和西昌一样被人们称作“小春城”。城市虽小，历史长河里却一直有它的名字。这个小城是南方古丝绸之路的必经之地和要塞，是一座拥有2000多年历史的古城。来到会理，怎能不去拜访一下会理古城？以钟鼓楼为中心，分别延伸的东南西北四条街，是古城的中心，也是会理的灵魂。钟鼓楼、古城门、青石板、青瓦房，古色古香。会理古城极为清净，目前还没有大批的游客涌入，不像丽江、大理那样繁华纷扰。

红旗水库

美食

会理与云南省隔金沙江相望，被称为“川滇锁钥”。而彝汉融合、川滇交汇，不仅让会理拥有独特的民俗风情，也拥有太多风格迥异的地方美食，如铜火锅、鸡火丝饵块等。

会理最早的青铜冶炼出现在春秋战国时期，千百年来流传至今，会理人仍然认为会理铜火锅不仅是简单的居家器皿，可一锅煮尽天下美食，还具有治疗多种疾病之功效。

饵块本是云南的特色小吃之一，而会理的鸡火丝饵块，将云南菜重原料、重本味、清淡鲜香的烹调特点，与川菜重佐料、重调味、味厚色浓的饮食风格进行了完美结合，成为川滇菜系交融互补的出色典范。

住宿

景区配套完善，有森林度假酒店；会理县城内食宿方便。

交通

景区紧邻县城，交通便利。游客可选择火车、公路运输等方式进入会理。

渔舟唱晚

秀美幽静——黑龙滩国家水利风景区

眉山黑龙滩国家水利风景区，以大型水利工程黑龙滩水库为依托，以宏伟的工程构筑形象，结合优美的山水林木自然景色和历史文化遗迹，构成丰富多样、独具魅力的水利风景资源。景区位于四川盆地中南部仁寿县境内，距成都市50公里，距世界自然文化遗产乐山大佛、峨眉山70公里，距三苏故里眉山市17公里，距仁寿县城8公里，位于四川旅游南环线中的最佳位置。黑龙滩水利风景区自然景观和人文景观相互辉映，以旖旎的湖泊、浓趣的山林、幽静的峡谷湿地为主要内容，以人文景观作为风景区的重要补充，壮观的水利工程和丰富的佛教文化相得益彰。景区景观具有秀美、幽静的特征，突出个体约58处，景点价值较高：水域景观旖旎，动植物景观珍稀，山林景观浓趣，湿地峡谷幽静，天象景观缥缈。内涵丰富的佛教文化、惠泽一方的水利工程、丰富多彩的民俗风物……使景区具有较高的游憩、生态、科学和开发价值，省际吸引力和资源潜力巨大。景区以其湖面之宽、湖水之清、湖岛之美，堪称四川水上旅游区之最，是四川省第一批省级风景名胜区，有“仁寿母亲湖”“西蜀第一海”“四川千岛湖”“成都后花园”“天府明湖”“天然氧吧”之美誉。经过多年的开发，黑龙滩风景区现已初具规模，集游、玩、住、吃、品、赏为一体，且拥有较为完善的水利旅游固定设施和一大批具有专业素质的从业人员，年接待游客50万人以上。随着天府新区建设和中铁等集团的巨资打造，黑龙滩水利风景区必将成为集会议、休闲、度假、水上娱乐等功能为一体的高端旅游产品，备受海内外游客的青睐。

景区多有龙的传说，有关龙岩、龙洞、龙拖沟、青龙嘴、回龙寺的动人故事盛传民间，传奇动人。景区比较有代表性的文化景观有历史遗迹龙岩古迹和千年古刹报恩寺。其中大坝雄奇如古堡雉堞，塔碑高耸有郭老遗墨，蟠龙岛石刻长龙世界第一，更有天然群猴嬉戏其间，千年不解之谜龙岩泼水现字为天下一绝。

眉山黑龙滩国家水利风景区

眉山黑龙滩国家水利风景区

◆ 周边景区

景区周边还有省级重点保护文物虞丞相墓、拈花大佛、奎星阁、高家大佛、双牌坊和深达十余公里的中华黄姑溶洞群等景观。

眉山黑龙滩国家水利风景区

美食

黑龙滩生态鱼是景区著名水产品。生态鱼火锅、生态全鱼宴等特色美食均取材于黑龙滩自然生长的鲢鳙鱼，完全无水土泥腥味，呈天然野味，入口滑嫩，麻、辣、鲜、香、嫩层次分明，不辛不燥，麻辣鲜香，回味悠长，独具地方风味，颇受美食家青睐和赞誉。

住宿

景区原有黑龙滩宾馆、黑龙滩山庄、华凌山庄、龙湖度假村及各类休闲农家（山庄）共计18余家，有客房1240套，总床位2860张，其中标准间1448套；餐饮场所面积2600平方米；有大小会议室27间，总面积近1800平方米；有歌舞厅、娱乐厅16间，可容纳1600余人；购物面积达3800平方米；大小停车场16个，可停车1000辆。

精品住宿四川黑龙滩长岛天堂洲际酒店拥有南、北客房区域共401间豪华客房。客房内精致的家具充分体现出本地的设计风格和时代特色。每间客房都提供有一套数字化娱乐系统以及符合人体工程学的工作空间和高速上网体验，入住环境休闲舒适。

交通

景区区位优势明显，距仁寿县城仅9公里，北距成都市68公里，南距乐山大佛、峨眉山89公里，西距眉山市30公里，位于四川旅游南环线中的最佳位置。经213国道、成乐高速公路、106省道以及环湖西路，可以分别从南、北、西三个方向进入黑龙滩景区，交通十分便利。

四川水利风景区展望

四川是长江、黄河的重要水源地，素有“千河之省”“天府之国”“绿色巴山蜀水”之美誉，各类水利工程和水体星罗棋布，水利风景资源丰富，蜀水文化源远流长，生态文明建设潜力巨大。

在水利部的关心支持和四川省委、省政府的重视下，四川水利风景区建设与管理工作良性发展。截至 2018 年 12 月，全省共有国家级水利风景区 42 个，省级水利风景区 72 个，水利风景区数量位居全国第七、西部第一，规划面积达 9800 多平方公里。四川省始终坚持保护利用并重、以保护促发展的理念，据统计，全省 70% 的水利风景区空气质量达到一级标准，78% 的水利风景区水质达到Ⅱ类及以上标准。全省水利风景区年接待游客量超过 3000 万人次，实现经营性收入超过 30 亿元，水利旅游综合性收入超过 70 亿元，带动就业人数近 10 万人。水利风景区已成为构建“长江上游生态屏障”、建设“美丽四川”的重要窗口，也为四川在全国率先开展河湖公园建设进行了有益探索、提供了资源基础。

习近平总书记在党的十九大报告中指出，“我国社会主要矛盾已经转化为人民日益增长的美好生活需要和不平衡不充分的发展之间的矛盾”。加强水利风景区建设与管理，开展河湖公园建设，顺应了人民群众对美好环境、美好生活的新期待，是功在当代、利在千秋的好

事、实事。下阶段，为推进四川水利风景区和河湖公园高质量发展，四川水利风景区建设管理者将坚决贯彻落实党的十九大精神和四川省委十一届三次全会精神，在“乡村振兴战略”大格局中积极作为，为满足人民群众美好生活的需要，尽力提供宜居、休闲、游憩的美好环境；在工作推进中，坚持山水林田湖草综合治理、人与自然和谐共生，坚持与脱贫攻坚和河长制湖长制工作紧密结合、相互促进，努力助推乡村振兴。

按照四川省水利厅、发展和改革委员会、环境保护厅、旅游发展委员会四部门联合印发的《四川省水利风景区（河湖公园）建设发展规划（2016—2025年）》，四川水利风景区坚持走生态优先绿色发展之路，重点打造岷江、嘉陵江、长江四川段三个重点风光带。到2025年，全省将建成18个精品水利风景区、60个重点水利风景区、334个一般水利风景区，推进水利风景区朝着精品化、融合化、均衡化方向发展。同时，优选一批生态保护基础良好、山水文化自然资源丰富、河湖价值突出且有代表性的水利风景区开展河湖公园建设，推动水利风景区提档升级。通过水利风景区和河湖公园建设，统筹协调水利工程建设和生态环境建设，合理融入水资源保护、水环境改善、水生态修复、水安全保障、水文化弘扬、水景观提升、水旅游发展的理念，积极营造山更青、水更秀、人水更和谐的良好生态环境，满足人民日益增长的美好生活需要，为“聚力建设美丽四川，筑牢长江上游生态屏障，构建山清水秀、城乡共美的生态环境支撑”做出积极贡献。

后记

此书是继《蜀水文化概览》之后，四川水利人组织编写的又一巴蜀水文化力作。作者怀着对巴山蜀水和父老乡亲的深情热爱，凭借丰富的水利工作经验，以工匠精神的严谨风格和文化学者的优美笔触，向读者展示了一幅幅四川水利风景臻品。读者阅读此书，可在赏心悦目之际增长知识、陶冶情操，获得工作及生活的启迪。

广袤蜀地，人间乐土，大美无垠：雪山圣洁、江河蜿蜒、山清水碧、人文荟萃，珍禽异兽孕育生长，名木娇兰幽谷争胜，欣欣然，不让琼台与瑶池。巴蜀先民世代于此繁衍，生生不息，从当初茹毛饮血，到逐水而牧、逐水而渔、逐水而居，在与大自然的不断抗争、适应和改造中，在成聚、建邑、筑城的文明征程中，克服一个个艰难险阻，留下一座座历史丰碑，一步步迈向现代文明。峨眉千仞，杜鹃红遍；长江奔流，川峡雄立。

继往圣之绝学，开万世之太平。面向未来，再绘宏图，为了支持和协助相关部门开展水利风景区的研究、规划、建设、保护工作，本书作者积极挖掘、整理和宣传先贤事迹，研究剖析，传承文脉，如今特别精选出四川部分水利风景区一一进行介绍，其间花费了大量时间和精力查找文献、收集图文资料、编辑整理，以期为读者奉献知识、趣味和价值。

在新的历史时期，水利人将本着尊重科学、敬畏自然、绿色生态、可持续性发展的理念，肩负更大使命，为父老乡亲和子孙后代谋福利、谋发展。过往经验需要传承，过往教训需要汲取，在水利风景区未来的开发建设中，倡导做到科学严谨、宁缺毋滥、务求精品。

本书在促进水资源和水利风景区的保护和合理开发的同时，引导更多民众关心支持水利建设工作，使人们能更多地体验和感受到四川城乡的多姿多彩，以及巴蜀山水的绝世之美。本书通过宣传四川资源禀赋，进一步增强了四川人的自豪感、自信心，这将为“建川兴蜀”伟业发挥积极作用。

“窗含西岭千秋雪，门泊东吴万里船”。滴滴雪水，汇成涓涓细流，穿峡越谷，奔腾入海。子在川上曰：“逝者如斯夫，不舍昼夜。”本书春风化雨，润物无声，将知识和美奉献给读者，是各类学校师生、水利工作者、水资源研究者、水文化爱好者、水产业投资经营者不可多得的珍贵文献，值得阅读和收藏。

以上为记。

四川省中山文化艺术研究会

会长　张庆成

2019 年 2 月 10 日

编后语

本书是在四川省老年科技协会水利分会的统一领导和安排下，由本书编委会组织编写的。本书的编写得到了四川省水利学会、四川省水利厅景区办、四川省农田水利局以及56个景区单位的大力支持，他们为本书提供了丰富而翔实的文字和图片资料，在此对他们的大力支持和帮助表示衷心的感谢。

本书在编写过程中还得到了四川省著名历史文化专家谭继和、著名水文化专家陈谓忠和曹丰平的大力支持和帮助，在此对他们的付出表示衷心的感谢。

“四川水利风景区展望”部分由农田水利局水库处李周顺副处长撰写，在此对他的辛勤付出表示诚挚的敬意。

最后，对全体参与本书资料收集、整理编撰、书稿审核工作的全体同志表示衷心的感谢。

本书编委会

2019年1月